KB078427

프로레슬링

흥행과 명승부의 역사

차례
Contents

초기의 프로레슬링

프로레슬링의 기원

레슬링의 기원은 유사 이전으로 보는데, B. C. 2100년경에 축조된 이집트의 베니 하산 신전의 벽화에도 레슬러의 모습이 그려져 있다. 고대 그리스인들은 군사적인 목적으로 레슬링을 수련했으며, 경기장에 수천 명이 모여 '판크라티온'이라고 불리는 레슬링 경기를 보거나 즐겼다. 그리스의 철학자 플라톤도 젊었을 때에는 레슬링 선수였으며, 그의 이름 또한 '넓은 어깨'를 뜻한다. 특히 소를 들 정도로 힘이 강력했던 당대 최강의 챔피언 마이티 밀로는 그 명성이 대단했다. 1940년대에서 1950년대 사이에는 그를 추종하던 수많은 선수들이 그를 흉내냈을 뿐만 아니라 그의 이름으로 활동하기도 했다.

프로레슬링이 탄생하는 데 결정적인 영향을 끼친 이들은 대부분 흉년을 계기로 대거 미국으로 이민온 아일랜드계 사람들이었다. 그들에게는 좀처럼 해결이 나지 않는 문제가 있거나, 이견을 좁히기 어려울 때 흔히 레슬링으로 해결을 짓는 전통이 있었다. 이들은 상대방과 서로 손을 맞잡고 경기를 펼치는 'collar and elbow' 스타일 외에도 현재의 자유형에 해당하는 'catch as catch can'과 허리 이하 부분의 사용을 금지한 그레코 로만(greco-roman) 스타일을 미국에 들여왔다. 그 밖에 북미대륙에 존재하던 스타일이 남북전쟁을 계기로 직접 다양하게 섞이기도 했다.

전쟁이 벌어지자 마땅한 여흥거리가 없던 병사들은 레슬링을 하면서 쉬는 시간을 보냈다. 이전부터 부대장을 선발할 때에 레슬링 경기로 정하는 경우가 많았을 뿐만 아니라 백병전을 위한 훌륭한 훈련으로 이용되기도 했다. 미국의 제16대 대통령 링컨은 3백 경기 이상을 치르면서 단 1패만을 기록했다고 한다. 1831년 루이지에나주 챔피언에 오른 전력을 가진 링컨은 인디언과의 전쟁을 앞두고 레슬링을 통해서 장교가 되었다는 기록이 있고, 레슬링을 했던 대통령은 링컨뿐만이 아니다. 미국의 초대 대통령 조지 워싱턴을 비롯하여 앤드류 잭슨(7대), 재커리 테일러(12대), 율리시스 그랜트(18대), 체스터 아서(21대), 시어도어 루스벨트(26대), 윌리엄 태프트(27대), 캘빈 쿨리지(30대) 등도 레슬러 경력이 있다. 그러나 이들은 체력증진이나 기분풀이 정도로 레슬링을 여겼기 때문에, 이들을 본격적인 프로레슬러로 분류하기는 다소 곤란하다.

프로레슬러의 출현

프로레슬링의 출발은 스포츠라는 구체적인 당위성보다 돈벌이라는 현실적인 성격이 짙었다. 실질적으로 프로레슬러가 등장한 것은 남북전쟁 이후부터였다. 전쟁이 끝나자 집으로 돌아온 군인들이 돈벌이로 가끔 경기를 벌이면서 수입을 올리던 것이 점점 규모가 커지면서 새로운 직업으로 자리를 잡게 되었다. 프로레슬링과 권투는 사람들이 많이 모이는 축제인 카니발이 벌어지는 지역에서 선보였다. 이러한 경기들은 쇼적인 성격을 띠고 있었다. 연출되는 경기는 승부에 대한 부담이 없었고, 관중들도 화려한 동작을 즐겼기 때문에 실전을 치를 이유는 희박했다. 이 와중에서도 피터 바넘은 프로레슬링의 신기원을 열었던 사람으로 알려져 있다. 그는 팬들의 관심을 끌기 위해서 선수의 이력을 과장하고 현란한 옷을 입었다.

프로레슬링에서 돈을 버는 방법은 주로 두 가지였다. 하나는 사전에 합의된 경기를 보이며 입장료를 받는 것이었다. 돈이 목적인 흥행업자는 경기가 흥미진진할수록 더 많은 관중들이 모인다는 것을 잘 알고 있었다. 경기가 재미있으려면 선수의 실력이 비슷해 보여야 했다. 관중의 수가 돈으로 직결되기 때문에 쇼의 측면은 갈수록 강조되었다.

또 다른 방법은 일반인들에게 대전료를 받고 프로레슬러를 상대할 기회를 준 뒤, 도전자가 프로레슬러에게 이기거나 일정 시간을 버티면 더 큰돈을 받는 것이다. 이러한 경기는 실전이었기 때문에 선수들에게 위험이 뒤따랐다. 하지만 프로는 돈을 벌기 위해 공연을 기획하는 것이지 돈을 잃어주기 위해서 공연을 기획하지는 않는 법이다. 그래서 이런 때를 대비해서 상대방을 꺾을 수 있는 비밀병기를 마련해야만 했다.

'후커(hooker)'라는 단어는 뜻이 다양하지만 과거 프로레슬링에서는 상대방을 관절기로 꺾어서 이길 수 있는 사람들을 뜻했다. 실전 능력을 갖춘 후커들은 흥행업자들의 비밀무기였다. 겉보기에 약해 보일수록 더욱 훌륭한 돈벌이가 될 수 있었다. 아무리 실력이 대단하다 해도 관절기에는 확실한 비책이 있을 수 없었고, 이변이 없는 한 계획대로 선수들이 승리하는 것이었다. 이들의 승리는 쇼로 진행되는 경기마저 실전이라는 착각을 들게 하는 수준이어서 진위 논쟁 자체를 불식시키는 도구로서도 큰 역할을 수행했다. 많은 업자들은 이런 방식으로 무리 없이 이벤트를 만들어가며 막대한 수입을 올렸다.

1800년대 후반 또 다른 형태의 선수들이 등장했다. 이들은 서커스단과 달리 본인이 직접 흥행업자 역할을 담당하면서 더 큰 이익을 추구했다. 이들은 각지를 돌아다니다가 강한 대상을 포착하면 그 마을에 정착해서 계략대로 일을 진행했다. 이들의 1차 목표는 마을 전체를 떠들썩하게 만드는 도전을 벌인 후, 승부 예측 내기가 벌어지도록 바람몰이를 하는 것이었다. 승패의 기록이 중요한 의미를 지니지 않았기 때문에 이들의 목표는 오직 판돈에 있을 뿐이었다. 이들은 공범을 매수해서 은밀히 상대방과 접촉한 후, 사전에 승부를 결정했다. 상대방의 입장도 크게 다르지 않았으므로 믿을 수 있는 공범을 통해 패배할 예상이 더 높은 쪽으로 돈을 몰아서 배당수익률을 높이는 것이 이들의 주된 사업방식이었다. 자신이 패하는 것에 돈을 거는 것은 전혀 어려운 일이 아니었다. 한번 제대로 재미있게 경기를 만들면 재경기까지 포함해서 더 큰돈을 벌 수도 있었다. 상대를 구하지 못하면 경우에 따라서는 다른 동료와 시차를 두고 마을에 들어와서 유사한 형태로 사업을 벌이기도 했다. 철저하게 상업적인 거래에 의한 것이라지만 언제나 안전한 것만은 아니었다. 간혹 사전에 합의를 본 내용을 한쪽이 몰래 파기하는 일도 벌어졌기에 완전히 상대방을 신뢰하지 못하는 사이라면 위험이 따르기도 했다.

20세기 초반에 흥행업자들은 스스로를 프로모터라고 칭하면서 각 지역에 지부를 열기 시작했다. 일반인은 도전을 통해서 선수들의 강력한 힘을 알았기에 승부의 조작 여부를 크게 의심하지는 않았다. 그러나 관중이 계속 증가하는 중에도 경기의 진위 여부에 대해서는 가끔 확인할 길 없는 소문이 돌았다. 이 시기에 야구는 초창기에 불과했고, 미식축구나 농구는 아직 전국적인 규모로 운영되지 않았다. 프로레슬링은 가장 인기 있는 스포츠로 잡지와 신문이 발간되면서 언론의 힘을 입어 더욱 저변을 확대할 수 있었다. 이런 상황에서 세계 챔피언이라는 말이 등장하기 시작했다.

세계 챔피언의 등장

조지 하켄슈미트 vs. 프랭크 고치

그동안 미국에서 강력한 챔피언으로 언급되는 선수는 윌리엄 멀둔, 파머 번스, 에반 루이스 등이 있었지만, 당시 언론의 범위와 이동의 한계로 인해 아직 세계 챔피언은 배출하지 않았다. 이들은 모두 미국 혹은 지역 챔피언 정도에 그쳤다.

당시 세계 챔피언은 1901년 유럽에서 벌어진 토너먼트에서 우승한 조지 하켄슈미트였다. 하켄슈미트는 1902년 톰 캐논을 꺾고 유러피언 그레코로만 타이틀을 획득한 후, 타이틀을 하나 둘씩 통합해갔다. 세계 챔피언이 존재한다는 소식을 들은 미국의 프로모터들은 그를 초청하는 전략을 적극 활용했다.

하켄슈미트는 근육이 엄청나게 발달했을 뿐 아니라 힘도

강력했다. 기술로는 상대방을 힘껏 끌어안는 '베어 허그'만 구사한다고 알려졌지만, 누구라도 한번 잡히면 도저히 빠져나올 수 없었다. 그가 유럽을 평정한 후, 1904년 런던 오페라 하우스에 등장하자 영국 팬들은 만원사례로 그를 환영했다. 특히 여성 팬들이 눈에 많이 띌 정도로 그는 매력적이었다.

1905년 5월 5일 뉴욕에서 하켄슈미트는 북미 챔피언 톰 젠킨스를 꺾고 미국마저 점령한다. 이때 프랭크 고치가 도전자로 떠오른다. 1878년 출생인 그는 독일계 이민자의 아들이었다. 1899년 6월 18일 데뷔전에서는 패했지만 인상적인 경기를 선보였던 고치는 그 해 12월 파머 번스와 운명적인 만남을 갖는다. 자신과 상대해서 15분을 버티면 상금을 주겠다고 파머 번스가 선언하자 만 21세의 고치는 전 미국 챔피언에게 도전하여 11분을 버텼다. 고치의 능력에 탄복한 파머 번스는 그를 집중 육성하여 놀라운 발전을 이끌어냈다. 고치는 1903년 톰 젠킨스의 미국 타이틀에 도전해서 패했지만, 1904년 1월 27일 벌어진 재대결에서 결국 승리했고, 그 이후에는 젠킨스와 서로 타이틀을 주고받는 라이벌로 자리매김을 했다. 프랭크 고치는 스피드가 빨랐고 힘도 좋았으며 파머 번스에게 관절기를 배웠기 때문에 훌륭한 실전 능력도 갖추었다.

1908년 4월 3일 시카고에서 하켄슈미트와 고치의 경기 개최가 확정되자 팬들과 언론의 관심은 프로레슬링 출범 이후 최고조에 달했다. 당시 에스토니아 출신의 하켄슈미트는 무패의 승자였고, 고치는 미국 최강이었다. 승부는 3판 2승제로 진행되었다. 첫 경기는 2시간 3분 만에 발목을 비트는 관절기술로 고치가 승리했다. 두 번째 경기를 앞두고 하켄슈미트는 제한된 10분이 지나도 나오지 않았다. 결국 심판은 경기를 포기한 것으로 간주하고 고치에게 타이틀을 수여했다.

챔피언에 오른 후, 톰 젠킨스를 비롯한 수많은 선수들에게 승리를 거둔 고치는 1910년 6월 1일, 시카고에서 9백 연승을 거둔 폴란드의 스태니스래우스 즈비스코를 꺾으면서 세계를 평정했다. 그러나 팬들은 아직도 하켄슈미트와의 경기를 잊지 못하고 있었다. 특히 고치가 몸에 기름을 발랐다면서 하켄슈미트가 반론을 제기하자, 팬들은 아직도 진정한 승부가 나지 않았다고 생각하였다. 여기에서 돈을 읽은 프로모터들은 다시 한번 세계적인 대결을 추진했다. 둘의 재대결을 앞두고 전국은 또다시 프로레슬링의 열풍에 휩싸였다.

둘의 재대결은 1911년 9월 4일 시카고의 커미스키 파크에서 벌어졌다. 이 경기는 28,757명(5만 명이라는 이야기도 있지만 사실이 아니다)의 관중이 모여, 당시 경마를 제외한 이벤트에서 최고의 관중을 동원하는 진기록을 세웠다. 87,000달러의 입장 수입을 올리며 프로레슬링 최고 기록을 경신할 정도로 당시의 열기가 그대로 흥행에 반영되었다. 그러나 프랭크 고치는 경기를 앞두고 엉뚱한 술수를 쓰게 된다.

하켄슈미트가 스파링을 갖자 고치는 독일 출신의 에드 산텔(벤 롤러라는 이야기도 있다)에게 당시에는 상당히 큰돈인 5천 달러를 주면서 부상을 입히라는 지시를 내렸다. 친선경기에서 갑작스럽게 무릎 부상을 당하자 하켄슈미트는 경기를 포기하려 했지만 엄청나게 홍보한 경기를 포기할 수 없다는 프로모터의 주장 때문에 결국 고치가 승리를 가져가고 하켄슈미트는 3판 2승제에서 한 경기를 이기는 것으로 합의를 봤다.

그러나 막상 경기가 시작되자 고치는 사전합의와 달리 30분 내에 2승을 독식하며 경기를 끝내버렸다. 하켄슈미트는 정상 컨디션이 아니었기에 어쩔 수 없이 무너졌다. 프랭크 고치는 또다시 승리하여 명실상부한 세계 최강으로 등극하는 듯했다. 그러나 진정한 승자는 아무도 없었다. 세계 타이틀전이 너무도 빨리 일방적으로 끝나자 관중들은 속았다는 기분이 들었다. 설상가상으로 언론에 프랭크 고치의 비겁한 술수가 보도되면서 팬들은 프로레슬링을 외면하기 시작했다.

고치가 1913년 은퇴하자 신문에서는 더 이상 프로레슬링을 크게 다루지 않았다. 그는 1917년 12월 17일, 만 39세의 젊은 나이에 요독증으로 사망한다. 비록 그는 잊혀진 영웅이었지만, 그의 장례는 아이오와주를 비롯한 전국의 애도 속에서 치러졌다.

1920년대, 전환의 필요성

승부의 조작 여부는 차치하고라도 영화와 야구를 비롯한 다른 엔터테인먼트와 비교되면서 프로레슬링의 단점이 차츰 드러나기 시작했다. 저녁 일곱 시에 시작해도 자정이 지나도록 그칠 줄 모르는 관절 기술 위주의 지루한 경기는 팬들의 관심을 더 이상 끌기 힘들었다. 몇몇 언론인들은 프로레슬링이 곧 망할 것이라는 비관적인 전망을 내놓기도 했다.

사실 이전까지 프로레슬링의 인기는 굉장했다. 1886년에는 프로레슬러의 사진이 담긴 카드가 다른 스포츠인보다 먼저 출시되기도 했다. 프로레슬러가 먹고 살 만한 직업이라는 소문이 돌면서 각 대학의 아마추어레슬링 팀이 늘어났던 때도 있었다. 그러나 프랭크 고치 사건 이후로 레슬링에 대한 논란이 계속되면서 차츰 하향곡선을 그리기 시작했다.

앉아서 망하는 것을 지켜보기만 할 수 없었던 프로모터들은 세계 타이틀 경기를 계기로 위축되었던 '조작된 경기'에 관중이 몰린다는 것에서 새 희망을 발견했다. 이제 실전 경기는 거의 사라졌다. 실전 경기는 두 단체의 이익이 상충될 때 챔피언들이 경기를 통해서 모두의 운명을 결정하거나 선수의 사이가 극도로 좋지 않을 때 벌어졌지만 주차장이나 라커룸에서 벌어진 횟수가 링에서보다 훨씬 더 많았다. 그렇다고 실전의 필요성이 없어진 것은 결코 아니었다. 라이벌 단체의 도전을 받으면 응해야 단체의 위상을 지킬 수 있었으므로 한 단체의 타이틀을 지켜야 하는 것은 실전형 선수였다.

프랭크 고치가 은퇴한 후, 여러 스타들이 난립했지만 그의 뒤를 이을 강력한 카리스마를 지닌 선수는 한동안 눈에 띄지 않았다. 이런 군웅할거의 시대에 새로운 스타가 등장했다. 바로 에드 루이스였다. 1891년 6월 독일계 이민자의 아들로 태어난 그는 첫 경기를 14세에 했다는 이야기가 있을 정도로 어린 시절부터 레슬링을 배웠다. 그의 장기는 상대방의 목을 조르는 슬리퍼 홀드였다. 물론 이 기술은 전부터 사용되어왔지만 에드 루이스가 프랑스 파리에서 화려하게 선보이자 큰 파란이 일어나기도 했다. 에드 루이스의 실전 능력은 상대 선수들과 라이벌 프로모터들에게 공포의 이름으로 떠올랐다.

그러나 아직도 프로레슬링은 다른 스포츠에 비해 인기를 끌지 못하고 있었다. 아무리 선수들이 자신들은 강하다고 주장해도 관중들은 지루한 경기를 외면했다. 1916년 7월 4일에 벌어진 에드 루이스와 조 스테처의 경기는 다섯 시간을 넘겼다. 그러나 당대 최고인 두 선수의 명성에 비해 저조한 수익을 올리자 프로레슬링계는 팬들이 즐거워하는 경기를 보여야 한다는 당위성을 확실하게 인지하게 된다.

골더스트 트리오

흥행의 중요성을 철저하게 인식한 에드 루이스는 매니저 빌리 샌도우, 프로모터 투스 문츠와 의기투합했다. '골더스트 트리오'라고 불리는 이들은 현대 프로레슬링의 청사진을 제시했다. 빌리 샌도우는 협상에 능했고, 레슬러이기도 했던 투스 문츠는 영리하여 아이디어를 많이 제공했다. 관절기 위주의 지루한 경기를 외면하는 팬들의 요구를 파악한 세 사람은 한 경기만으로 오랜 시간을 끄는 것이 아니라 짧은 시간 동안 여러 경기를 묶은 이벤트를 기획했고, 승부는 세부적인 내용까지 합의를 봤다. 오늘날 태그팀 경기의 원형도 이들이 형성했다.

골더스트 트리오는 구두 계약으로 선수들을 대량 확보, 전성기에는 최고 5백 명까지 휘하에 거느렸다. 이들은 빌리 샌도우의 언변과 에드 루이스의 실전 능력을 무기로 삼아서 상대 프로모터와의 협상도 매우 유리하게 진행할 수 있었다. 에드 루이스는 약한 상대를 만나더라도 그 선수가 인기가 있다면 강하게 보이도록 만들어줬다. 그래야 재경기에서 더 큰 입장 수입을 벌어들일 수 있기 때문이었다.

1920년 12월 13일 루이스는 조 스테처를 꺾고 세계 챔피언에 올랐지만, 곧 다른 선수에게 타이틀을 내주려는 계획을 세운다. 타이틀을 찾아오려고 생각한다면 언제나 가능했기에 그 자체에 큰 의미를 두지는 않았던 것이다. 에드 루이스는 1921년 5월 6일 스태니스래우스 즈비스코에게 타이틀을 내주었다. 그러나 즈비스코의 지루한 경기 스타일을 관중들이 외면하자 1922년 3월 3일 에드 루이스는 다시 타이틀을 찾아왔다.

1921년부터 1924년 사이 골더스트 트리오는 타이틀을 좌우하며 흥행을 독식했다. 다른 프로모터들은 몰래 타이틀을 빼앗으려고 흉계를 꾸미더라도 실전에서 에드 루이스를 확실하게 이길 선수가 없었기에 냉가슴을 앓아야만 했다.

1924년 골더스트 트리오는 네브레스카 대학 풋볼팀 출신으로 197cm의 키에 잘생긴 외모로 언론의 관심을 끄는 웨인 문을 챔피언으로 만든다면 관중을 동원할 수 있을 것이라고 생각했다. 고액의 수입 보장을 전제로 본격적으로 프로레슬링을 시작한 웨인 문은 1925년 1월 8일 에드 루이스를 꺾고 새 챔피언에 올랐다. 실전 능력이 아니라 외적인 이유로 인기를 끈 선수가 처음 챔피언에 오른 기념비적인 날이었다. 그러나 웨인 문은 시원시원한 외모처럼 모든 일이 순조롭지는 않았다.

3달 뒤 웨인 문은 전 챔피언 스태니스래우스 즈비스코와 경기를 갖는다. 이번 경기도 웨인 문의 승리가 예정되어 있었다. 하지만 뉴욕을 근거지로 삼은 동부 지역의 프로모터들에게 은밀히 설득당한 즈비스코는 약속을 어기고 경기 중에 웨인 문을 무참하게 공격했다. 심판은 골더스트 트리오의 사람이었지만 어쩔 수 없이 새 챔피언이 탄생했음을 알려야만 했다.

골더스트 트리오는 분노했다. 하지만 동부의 프로모터들도 만만치 않았다. 즈비스코는 조 스테처에게 타이틀을 넘겼다. 조 스테처라면 에드 루이스도 쉽게 상대할 수는 없었다. 그런데 챔피언에 오른 조 스테처는 타이틀을 빼앗길 것을 두려워해 동부 지역 선수들과의 경기도 피하기 시작했다. 챔피언이 타이틀을 방어하지 않자 골더스트 트리오는 웨인 문의 패배가 잘못된 것이라는 주장을 펼치면서 타이틀 변경을 철회하는데 성공한다. 미드 웨스트 지역은 웨인 문을 다시 챔피언으로 인정했고, 웨인 문이 에드 루이스에게 패하면서 이제 조 스테처와 에드 루이스라는 두 명의 챔피언이 존재하게 되었다.

타이틀 통합을 위한 물밑 협상이 진행된 후, 에드 루이스는 1926년 7월 5일 조 스테처와 경기했다. 결과는 무승부였다. 1928년 2월 20일의 재경기에서는 은퇴를 원했던 조 스테처가

금전상의 보상을 받고 에드 루이스에게 승리를 안겨줬다. 입장 수입은 6만 5천 달러를 기록했다. 이 경기 이후로 얼마 뒤 골더스트 트리오는 내분을 보이면서 투스 문츠가 동부 지역의 프로모터들과 손잡고 뉴욕에 큰 세력을 형성하게 된다.

골더스트 트리오의 해체

투스 문츠는 뉴욕에서 미남 스타 짐 론도스를 발굴, 상반된 외모의 상대와 재미있는 경기를 선보이며 계속된 성공을 맛본다. 본래 짐 론도스는 그리스에서 서커스단의 차력사로 일하다가 미국으로 이민와 접시 닦기를 했지만, 곧 프로레슬링계에 입문하여 천부적인 소질을 아낌없이 발휘하였다. 미국의 중심지 뉴욕에 자리잡은 동부 프로모터들은 론도스를 전국적인 스타로 만들기 위해 언론에서 자주 다루어지도록 힘썼다.

아직까지 미드 웨스트 지역에 남아있던 에드 루이스와 빌리 샌도우가 다시 인기 많은 풋볼 선수 출신에게 타이틀을 내주면서 거스 소넨버그는 1929년 1월 4일 에드 루이스의 타이틀을 차지했다. 에드 루이스는 소넨버그에게 계속 패했지만 벌어들이는 입장료만으로도 만족해했다. 소넨버그의 인기가 오르자 동부의 프로모터들은 새 계략을 짜낸 후 짐 론도스를 동부의 챔피언으로 만들었다. 이제는 동부의 프로모터가 된 투스 문츠는 소넨버그가 경기를 할 때 짐 론도스를 비롯한 그의 스타들을 같은 도시로 보내며 세계 타이틀을 통합하자는 언론 플레이를 하기 시작했다. 하지만 미드 웨스트 지역의 프로모터들은 경기를 성사시킬 수는 없었다. 소넨버그는 웨인 문처럼 실전 능력이 없었기에 이 경우 에드 루이스가 전면에 나서면서 챔피언과 상대하려면 그보다 약한 자신을 반드시 거쳐야 한다는 주장을 펼쳤다. 이 말을 들은 동부의 선수들은 챔피언을 직접 상대하겠다고 주장하며 루이스를 피했다. 같은 주장과 일만 몇 차례 반복되었을 뿐 경기는 성사되지 않았다.

소넨버그의 공신력을 떨어뜨리기 위해 혈안이 된 투스 문츠는 왜소하지만 실전 능력이 출중한 선수를 보내서 기습하기로 계획했다. 소넨버그를 만나자 길거리에서 시비를 걸던 작은 선수는 주먹다짐을 시작했다. 투스 문츠의 기대대로 소넨버그는 무참하게 짓밟혔다. 세계 챔피언이 길거리에서 작은 사람에게 맞는 장면은 그야말로 충격적이었기에 미드 웨스트 지역의 프로모터들은 타이틀을 빨리 다른 선수에게 넘겨서 단체의 명예를 회복해야 한다고 결의했다.

그런데 여기서 또 다른 문제가 터졌다. 소넨버그를 직접 움직이는 이는 에드 루이스와 빌리 샌도우가 아니라 미드 웨스트 지역의 프로모터들 중 하나인 폴 보우저였다. 야심가였던 폴 보우저는 임의로 자신의 선수인 에드 돈 이글과 소넨버그 간의 경기를 벌여서 챔피언을 바꿔버렸다. 미시건데 출신으로 1928년 아마추어레슬링 미국 대표로 참가한 에드 돈 이글이 실전 경기를 해도 웬만하면 패할 리 없다는 생각에 폴 보우저가 타이틀을 맡겼던 것이다. 졸지에 모든 것을 빼앗긴 에드 루이스와 빌리 샌도우는 타이틀에 대한 미련을 버렸다고 선언한 후 연이은 패배를 감수하며 사업에만 몰두하기 시작했다.

1931년 4월 14일 폴 보우저는 LA에서 에드 루이스와 에드 돈 이글 간의 타이틀 경기를 성사시켰다. 서부 지역에서 인기가 많은 에드 루이스의 인지도를 이용해서 입장 수입을 올리겠다는 생각이었다. 물론 에드 돈 이글이 승리하는 것으로 예정되었다. 경기가 시작되기 직전까지는 아무런 불만을 보이지 않던 에드 루이스는 선수 입장을 마치고 링에서 심판의 주의를 듣다가 갑자기 에드 돈 이글에게 한마디를 던졌다.

"돈, 오늘은 경기를 할까, 아니면 정말로 레슬링을 할까?"

갑자기 경기를 각본대로 벌일 것인지 아니면 실전으로 벌일지 결정하라는 말이었다. 돈 이글은 강했지만 에드 루이스를 이길 수는 없다고 생각했기에 경기를 하겠다고 답변했다.

분노한 폴 보우저는 3달 뒤 몬트리올에서 복수했다. 에드 루이스는 헨리 드글레인과의 경기가 미리 예정되어 있었다. 헨리 드글레인은 프랑스계 캐나다인으로 퀘벡 지역에서 인기가 많았지만 실전으로 에드 루이스를 이길 수는 없었다. 에드 루이스가 2승 1패로 이기기로 합의를 본 상태에서 1승 1패를 나눈 후, 두 선수는 각자의 라커룸에서 마지막 경기를 기다리고 있었다. 그런데 갑자기 드글레인이 에드 루이스의 라커룸에 들어와서 자기의 팔을 물어뜯기 시작했다. 뒤늦게 소식을 듣고 도착해서 단편적인 상황만을 목격한 심판은 드글레인이 공격을 당했다고 주장하자 모든 것은 에드 루이스의 소행이라고 판단했다. 결국 에드 루이스는 어이없이 실격패를 당했고 헨리 드글레인이 2승 1패로 승리하며 챔피언에 올랐다.

에드 루이스는 경기가 끝나고, 이미 무장한 선수들에 둘러싸여 그를 기다리고 있던 폴 보우저를 만났다. 이 사건 후 에드 루이스는 휴식을 가질 수 있고 젊었을 때의 명성이 아직도 남아있기에 적지 않은 돈을 벌 수 있던 유럽으로 떠난다.

1930년대, 경제공황의 그늘

1929년 10월 24일 주식가격이 대폭락하면서 공황의 그늘이 드리워지자 프로레슬링계는 어려움을 피부로 느끼게 된다. 경제공황시기에는 단기간의 흥행을 위해서 세계 타이틀전이 빈번하게 벌어졌고, 챔피언도 자주 바뀌었다. 세계 타이틀을 움직이고 싶어하는 프로모터들의 욕망 때문에 타이틀의 분화는 더욱 가속화되었다. 심지어 챔피언이 바뀌었지만, 다음 경기장에서 전 챔피언이 다시 타이틀을 들고 나오는 경우도 비일비재했다. 어차피 언론에서도 큰 관심을 기울이지도 않았고 누군가가 매일 따라다니면서 기록을 남기는 것도 아니었기에 흥행을 위한 파행적인 운영은 일상적으로 벌어졌다.

에드 루이스는 유럽 원정에서 돌아오자 빌리 샌도우와 함께 은퇴 경기를 다녔지만, 이견을 보이면서 결국 마지막 남은 골더스트 트리오도 헤어진다. 이때 한동안 적으로 돌변했던 투스 문츠가 루이스에게 갑자기 연락을 취했다. 챔피언 짐 론도스가 투스 문츠를 버리고, 다른 매니저인 화이트와 새 단체를 만들려고 하자 옛 파트너의 필요성을 느꼈던 것이다. 이 때가 1932년이었다. 상황을 타개하기 위해 투스 문츠는 짐 론도스와 맺고 있던 계약서를 이용해서 타이틀 방어를 명령했다. 짐 론도스가 경기를 계속 피하자 결국 타이틀을 박탈당하면서 다시 타이틀은 투스 문츠가 움직일 수 있게 되었다.

그러나 이것이 끝은 아니었다. 타이틀을 빼앗긴 짐 론도스와 화이트는 투스 문츠의 사업 파트너인 잭 페퍼를 자신의 편으로 만들었다. 두 패로 나뉜 뉴욕은 그야말로 전쟁터를 방불케 했다. 경제공황 하에서 소모전을 계속하던 양측은 막대한 손해를 감수해야 했다. 서로 출혈을 견디기 힘든 양측은 극적으로 손을 잡았지만, 이 과정에서 유일하게 한 사람이 배제되었다. 바로 마지막으로 자리를 옮긴 잭 페퍼였다. 신뢰라기보다는 철저한 이익 위주의 사업자 관계로 재탄생한 투스 문츠, 짐 론도스, 에드 루이스, 화이트의 연합은 너무 강력했다.

동부의 새 연합은 타이틀에 공신력을 높이기 위해서 에드 루이스가 짐 론도스에게 패하는 경기를 만들었다. 그러나 이해타산에 길들여진 사업 파트너 관계였기에 짐 론도스는 에드 루이스를 믿을 수 없었다. 이에 투스 문츠는 짐 론도스에게 5만 달러가 예금된 통장을 주면서 만약 속임수가 보인다면 가져도 좋다고 약속했다. 어려운 시기였지만 당시 시카고 챔피언이던 에드 루이스가 동부의 챔피언 짐 론도스에게 패한 경기는 9만 6천 달러의 입장 수입을 올렸다. 이 기록은 1952년까지 깨지지 않았을 정도로 엄청난 흥행이었다.

옛 동업자들이 큰돈을 벌고 있을 무렵 마지막에 배제된 잭 페퍼는 무명 선수들을 데리고 흥행을 도모하고 있었다. 답답했던 페퍼는 자포자기의 심정으로 극단적인 결심을 하게 되고, 언론에 프로레슬링의 어두운 내막을 폭로하게 된다. 기자 댄 파커는 페퍼의 폭로를 집중적으로 다뤘다. 미국의 중심인 뉴욕에서 비밀이 폭로되자 관중은 급락하고 프로레슬링은 웃음거리로 전락했다. 이해타산으로 묶인 사이였기에 파트너는 금방 와해되었다. 투스 문츠는 반대 지역인 서부의 캘리포니아로 가장 먼저 이동했지만 역시 성공적이진 못했다. 1935년 즈음엔 전통의 미드 웨스트 지역을 제외하고는 전 지역이 바닥세였다. 잭 페퍼의 폭로는 프로레슬링 전체를 와해시켰다고 해도 과언이 아니었다.

루 테즈의 등장

흥행을 위해 챔피언이 난립했지만, 전체적으로 보면 프로레슬링은 헤어나기 힘든 수렁으로 빠져들고 있었다. 이러한 난세에 새 희망이 등장했다. 바로 루 테즈였다. 헝가리 이민자의 아들인 루 테즈는 미시건주에서 태어나 세인트루이스에서 자랐다. 레슬링의 인기가 높은 세인트루이스에서 자랐다는 것은 후일 그의 성공에 큰 요인으로 작용하게 된다. 구두 제작공인 그의 부친은 아마추어레슬러이기도 했다. 루 테즈는 어린 시절에는 튼튼한 편이 아니었지만 아마추어레슬링을 배우면서 점차 강한 소년으로 탈바꿈되었다. 16세가 되던 1932년에 프로레슬러로 데뷔, 세인트루이스 지역에서 주로 활동했고, 레이 스틸, 에드 산텔, 조지 타고라스, 에드 루이스와 같은 최고의 스승들을 차례로 만나면서 놀라운 성장을 보인다.

1935년 루 테즈는 우연히 에드 루이스와 대련하게 되었다. 당시 루이스는 40대를 훌쩍 넘긴 후 은퇴했지만, 만 19세의 루 테즈를 너무 쉽게 압도했다. 당황한 루 테즈는 실망한 나머지 다시는 레슬링을 하지 않겠다고 선언한 후 집으로 돌아와서 구두 수선을 배우기 시작했다. 그러던 어느 날 낯선 사람에게서 연락이 온다. 에드 루이스였다. 루이스는 루 테즈에게 놀라운 재능이 있으니 앞으로 계속 노력하면 좋은 결과가 있을 것이라는 말로 그의 부친을 설득했다. 감동받은 루 테즈는 다시 레슬링을 시작했다. 에드 루이스는 루 테즈를 친히 보살피며 놀라운 성장을 이끌었고 루 테즈는 만으로 21세가 되던 1937년 12월 29일 세계 챔피언에 오른다. 21세에 챔피언에 오른 것은 우연한 일이었다. 3판 2승제에서 1승 1패를 나눈 후 마지막 경기를 앞두고 챔피언이 부상을 호소하자 프로모터는 루 테즈에게 승리를 안겨줄 것인지 아니면 경기를 무효로 선언할 것인지를 선택해야 했다. 인기가 높았던 루 테즈를 믿고 프로모터는 그를 챔피언으로 결정했고, 루 테즈는 그 기대에 걸맞게 인기몰이를 하기 시작했다. 이후 루 테즈는 1939년부터 1948년에 걸쳐서 각지에 난립한 타이틀을 통합해간다.

NWA의 출범, 군웅할거의 시대

NWA의 새출발

경제공황이 끝났어도 1940년대 프로레슬링은 여전히 침체기였다. 여전히 언론은 관심이 없었고 라디오가 보급되었지만 야구나 풋볼과는 달리 말로 중계하는 것이 용이하지 않았다. 게다가 제2차세계대전이 터져 입대한 젊은 선수들을 대신해 나이든 노장들이 주류를 이루는 것도 좋지 못한 상황이었다.

2년간 육군에서 복무한 후, 1946년 제대한 루 테즈는 아버지의 도움을 통해서 몬트리올의 프로모터 에디 퀸, 토론토의 프랭크 터니, 프로레슬러 빌 롱슨, 바비 마나고프와의 공동투자를 통해 프로모터 톰 팩으로부터 세인트루이스의 단체를 인수한다. 이제 루 테즈는 선수와 프로모터를 병행했다. 그런데

제2차세계대전 이전에 잠시 프로모터로 활약하던 샘 뮤닉이 제대 후, 프로레슬링 단체를 만들자 세인트루이스는 전쟁터를 방불케 했다. 직접 선수로도 활약하는 루 테즈의 단체를 흥행에서 이길 수 없던 샘 뮤닉은 제휴를 요청했지만, 루 테즈는 2년 이내에 망할 단체와 협상할 이유가 없다면서 거절했다.

다급했던 샘 뮤닉은 오하이오주 컬럼버스의 프로모터 알 해프트로부터 선수를 공급받으면서 한숨 돌릴 수 있었다. 여기서 서로의 필요성을 절감한 몇몇 프로모터들 간의 이해관계가 일치하면서 1948년 7월 14일 NWA(National Wrestling Alliance)가 본격적으로 출범했다. 각 지역을 여러 프로모터들이 군웅할거하면서 NWA의 이름 하에 하나의 챔피언을 인정하는 것이 바로 이들의 생각이었다. 이들은 서로 선수를 교환하고 동료에 대항하는 세력이 생기면 공모해서 없애는 것에 동의했다. 프로모터의 말을 듣지 않는 선수는 철저하게 배제하는 것도 계획에 포함되었다. NWA는 캔자스시티의 프로모터이자 선수인 올빌 브라운을 첫 챔피언으로 인정했다.

NWA가 생긴 지 6일 뒤인 7월 20일 루 테즈는 전통의 단체 NWA(National Wrestling Association)의 챔피언에 올랐다. 이제 이니셜이 같은 양 단체의 치열한 흥행 전쟁이 세인트루이스를 중심으로 시작되었다. National Wrestling Association은 1901년 조지 하켄슈미트가 차지한 후 1908년 프랭크 고치가 챔피언에 오른 타이틀에서 유래했다. 당시는 프랭크 고치가 차지했던 타이틀이 뉴욕, 보스턴, National Wrestling Association

으로 나뉜 상태였다. 그런데 미드 웨스트 지역의 프로모터들이 갑작스럽게 National Wrestling Alliance를 만들어 전통의 National Wrestling Association을 위협했던 것이다.

흥행에서 승리하기 위해 당시 최고 인기를 구가하던 버디 로저스를 불러들인 샘 뮤닉은 만원사례에 먼저 웃을 수 있었으며 루 테즈의 단체를 앞서기 시작했다. 경기와 행정 일에 지쳐서 휴식을 원하던 루 테즈와 언젠가는 버디 로저스를 떠나보내야 하는 샘 뮤닉의 입장이 맞아떨어지면서 1949년 초반 양측은 비밀리에 제휴한다. 표면적으로 양측은 여전히 전쟁상태였지만 이미 내부적으로는 통합 타이틀전을 벌이는 것으로 의견을 모았다. 겉으로 사이가 나쁘게 보인 이유는 앞으로 있을 통합 타이틀전의 흥행을 위한 고도의 작전이었다.

흥행에 앞선 National Wrestling Alliance가 주도권을 잡으면서 올빌 브라운이 루 테즈를 꺾고 NWA 첫 번째 통합 챔피언에 오르는 것으로 결정된다. 하지만 타이틀전이 벌어지기 3주 전 올빌 브라운이 교통사고를 당하고 은퇴를 선언한다. 대안이 없던 NWA는 1949년 11월 27일 루 테즈를 챔피언으로 인정했다. 이니셜은 NWA로 그대로 유지되었기에 팬들에게는 별다른 차이가 없었지만 이제 전통의 National Wrestling Association은 National Wrestling Alliance로 통합된다.

사실 루 테즈를 위해서 단체를 통합한 것은 아니었지만 루 테즈는 타이틀 벨트를 갖겠다는 상대방의 생각을 일소시킬 수 있는 실전 능력이 있는 챔피언이었다. NWA가 확장할 수 있었던 것도 루 테즈가 한몫했기 때문이다. 1949년에서 1956년 사이 챔피언 루 테즈는 그 누구도 넘볼 수 없던 난공불락의 성과 같았다.

그러나 어느 정도 한계는 있었다. 아직도 프로레슬링은 언론의 관심 밖에 있었고, 팬들도 뜨거운 반응을 보이지 않았던 것이다. 하지만 우연한 계기로 1900년대 초반에 이어서 다시 프로레슬링이 모든 사람의 입에 오르내리는 시대가 도래했다. 그 주인공은 루 테즈도, NWA도 아니었다. 바로 TV였다.

새 구세주, TV

1948년 듀몬트 방송국이 프로레슬링을 방영하며 인기를 끌자 다른 방송국들도 앞다투어 방송을 편성했다. 이러한 호황은 1940년대 후반부터 약 10여 년간 지속되었다. 프로레슬링이 많이 방영된 이유는 쉽고 싸게 제작할 수 있으며 시청률도 높았기 때문이다. 선수들의 독특한 모습과 드라마 같은 반전은 TV 소재로도 완벽했다. 대중으로부터 소외되던 프로레슬링은 1900년대 초반처럼 다시 부활했다. 가족과 이웃들이 TV 앞에 모여서 프로레슬링을 즐겼고, 챔피언 루 테즈는 TV에 최다 출연하는 스타가 되었다. 당시 미국의 모든 가구가 TV를 소유하고 있던 것은 아니다. 많은 이들은 레슬링이 시작될 무렵이면 가전제품 가게 유리창 앞에 진열된 TV 앞으로 삼삼오오 모여들어 경기를 지켜보며 슬픔과 기쁨을 함께 나누었다.

소규모의 허술한 시설들을 전전하던 레슬러들은 다시 커다란 경기장으로 돌아올 수 있었다.

TV는 홍보 수단으로 최고였다. 이전에는 신인을 알리려면 적어도 6개월가량 걸렸지만 이제는 2주면 충분했다. 이제 스타가 되기 위해서는 팬들에게 강한 인상을 남겨야 했다. 과거에는 주로 강력하고 멋진 경기를 선보여야 스타가 되었지만 이제는 선수들의 얼굴이 화면으로 가까이 보였기에 카리스마 넘치는 외모가 중요성을 띠기 시작했다. TV의 시대가 되자 인터뷰도 인기에 크게 작용했다. TV에 자주 나오는 선수들은 영화배우급의 스타로 인식되었다.

레슬링이 방영되자 가장 큰 화제가 된 인물은 고져스 조지였다. 유명 코미디언 밥 호프의 친구였던 관계로 여러 차례 방송에 출연하면서 스타로 자리잡은 조지는 'gorgeous'라는 단어처럼 매우 화려했다. 당시 미국은 제2차세계대전에서 승리한 여파로 사회 전반적으로 남성우월주의가 판을 치고 있었다. 그런 사회에 갑자기 이상한 남성상이 나타났던 것이다. 긴 망토를 입고 향수를 뿌리며 등장한 후, 심판이나 상대방의 손이 닿으면 불결하다면서 뿌리치던 모습을 본 남성 관중들은 분노했다. 이런 증오심은 많은 관중을 이끌어내는 힘이 되었다. 시청자들은 고져스 조지가 맞는 것을 보기 위해 TV를 틀었고 패하면서 삭발하는 것을 보기 위해 경기장으로 향했다. 아내의 머리카락을 걸고 싸운 경기에서 조지가 패하자 관중들은 환호를 보냈다. 조지는 진정한 엔터테이너였다. 물론 조지가 가장 먼저 여성스러운 캐릭터를 연출했던 것은 아니었다. 조지는 1930년대 LA 지역의 한 선수에게 영향을 받았다고 한다. 하지만 TV의 시대를 맞아 기존에 존재하던 기믹(gimmick)이라는 선수들의 캐릭터를 팬들에게 본격적으로 인식시키면서 새 지평선을 열었던 점은 큰 의미를 지닌다고 할 수 있다.

또 다른 나르시스트로는 버디 로저스가 있었다. 릭 플레어가 후일 그를 흉내냈을 정도로 버디 로저스는 '네이처 보이'라는 이름에 걸맞게 느끼하고 건방진 악역이었다. 흰색으로 머리를 염색하고 긴 옷을 입고 링에 오르는 버디 로저스는 TV가 등장하기 전부터 이미 엄청난 악역 스타였다. 리키 스타라는 전직 발레 선수마저 출현해서 현란한 발놀림과 재미있는 동작들을 선보였다. 안토니오 로까, 딕 더 브루이저, 킬러 코왈스키, 크러셔, 클래시 프레디 블레시, 프리츠 본 에릭, 버네 가니에 등도 인기를 끌었고 전통의 강호 루 테즈도 건재했다.

여기에 인종적 특징을 지닌 중남미, 사모아, 일본, 독일 출신의 선수들이 등장하면서 제2차세계대전 이후, 미국에서 만연했던 각 나라에 대한 편견에 맞는 캐릭터로 탈바꿈되었다. 재미있게도 외국인 선수들의 실제 국적은 미국과 캐나다가 많았다. 한스 슈미트는 프랑스계 캐나다인이었지만 독일인으로 변신했다. 프리츠 본 에릭은 미국 네브레스카 주 출신이었지만 머리를 깎고 독일 엑센트를 쓰며 엄청난 미움을 받기도 했다.

TV를 통해서 정상급 선수들이 고액의 연봉을 벌자 우수한 아마추어레슬러들도 대거 진입하기 시작했다. 몇몇은 적응을 잘했지만 자신의 실전 능력을 언급하면서 고자세를 보인 선수들은 점차 프로모터들의 외면을 받으면서 조용히 사라졌다. 프로레슬링에 있어서 실전 능력의 중요성은 점점 줄어들었다.

이 시기에는 여성 경기도 활성화되었다. 여성 경기는 1900년대 이전부터 벌어지긴 했지만, 이 시기에 접어들어서는 시청률을 올리는 하나의 방편으로 여겨졌다. 프로레슬링은 남성 위주였기에 여성이 선수 생활을 하는 것은 쉽지만은 않았다. 1937년부터 1954년 사이 링을 지배하던 여성 챔피언 밀드레드 버케는 남성에게 도전을 받아서 승리를 거뒀다는 이야기가 전해지는 전설적인 선수이다. 버케의 은퇴 후, 1956년 벌어진 토너먼트에서 패뷸러스 물라가 챔피언에 올랐다.

그러나 경기가 자주 방영되자 처음 볼 때와 같은 신선함이나 흥미로움이 식상되고, 시청률은 계속 떨어졌다. 이런 현상은 여성 경기에만 해당하는 것이 아니었다. 매번 비슷한 카드, 유사한 패턴의 경기들은 점점 팬들의 외면을 받아갔다. 여기에 방송 기술이 발전하면서 새 프로그램들이 등장하자 점점 프로레슬링은 위기를 맞이하게 된다.

공중파 방송 퇴출

1950년대 후반 프로레슬링은 공중파에서 퇴출되었다. 프로레슬링계는 TV의 중요성을 알고 있었지만 공중파로 갈 수 없기에 이제는 지역 방송국에 기대기 시작했다. 물론 전체적으로 보면 프로레슬링의 위상은 예전 같지 않았다. 선수들은 영화배우급의 스타에서 지역의 유명 인사로 밀려났다. 각 단체들이 방송국의 전파가 송출되는 범위를 기반으로 해서 세력 범위를 확정짓자 지역 챔피언은 우후죽순 생겨났다.

1950년대에 비해 1960년대는 암울한 시기였다. 이러한 위기를 타파하기 위해서 프로모터들은 관중들을 끌어 모으기 위한 독특한 시도들을 벌였다. 육중한 체구를 자랑하는 고릴라 몬순, 헤이섹 칼호운 같은 비대한 선수들은 이전에 비해서 기하급수적으로 늘어났다. 반대로 난장이들도 자주 등장했다.

독특한 선수들이 셀 수 없이 등장하자 레슬러(rassler)라는 말이 나타났다. 레슬러는 실제 실력보다 연기를 잘하는 선수들을 빗댄 말이었다. 이러한 흐름은 모두 팬들의 관심을 끌어서 돈을 벌기 위한 노력에서 출발했다. 카리스마가 강하고 재미있는 레슬러(rassler)가 실전에 강한 레슬러(wrestler)보다 팬들에게는 인기가 더 높았고, 프로모터는 돈이 되는 선수를 중요시했다. 실전 능력은 더욱 유명무실해졌다.

강한 인상으로 인기를 끌던 노력은 이 시기에 더욱 늘어났다. 유리를 먹는 괴인이 몬트리올에서 인기를 끌었지만 40대에 요절을 하는 사건도 있었다. 의사들은 유리를 먹었던 것에서 사인을 찾았다. 인간과 괴수의 경계를 넘나드는 초인들은 이전에도 있었지만, 이 시기에 특히 많이 등장했다. 팬들을 즐겁게 만들라는 명제에 더욱 충실해지면서 타이틀이나 승리에 대한 의미는 이전 시대에 비교해서 더욱 줄어들었다.

냉전을 반영하듯 수많은 러시아인들도 등장했다. 이들은 머리를 깎고 러시아인으로 행동하면 대전료를 대폭 올려준다는 말을 듣고 변신한 미국이나 캐나다 선수들이 대부분이었다.

루 테즈가 떠나고 NWA의 균열이 시작되다

NWA는 세계적인 연맹으로 성장했지만 여러 프로모터들이 이익을 극대화하기 위해서 출발시켰기에 항상 불안요소는 잠재해 있었다. NWA는 프로모터들로 구성된 위원단의 투표를 통해서 챔피언을 선정했고, 챔피언은 NWA 단체를 순회하면서 관중몰이를 했다. 연맹이 인정하는 챔피언은 루 테즈였다. 고집이 다소 세고 남의 의견을 듣지 않는다는 면은 있었지만 실전 능력도 있고 수려한 외모에 강력한 카리스마를 지닌 그에 대해서 프로모터들은 반대가 없었다. 하지만 루 테즈의 다음 챔피언을 정해야 할 때가 오자 이견이 생기기 시작했다.

루 테즈는 자신을 꺾을 후계자로 딕 허튼을 지목했다. 전미 아마추어레슬링 대회인 NCAA에서 3회나 우승했고, 1948년 올림픽에 참가했지만 딕 허튼에게는 관중들을 끌어 모을 카리스마는 보이지 않았다. 루 테즈는 실전에 강한 선수만을 높이 평가했을 뿐, 단순히 인기에 영합하는 스타들에게는 가혹했다. 상대가 마음에 들지 않으면 돋보이게 해주겠다는 사전 각본과 다르게 상대방을 망신시키는 일도 자주 해왔던 것이다.

NWA 프로모터들은 관중을 끌어 모을 수 있는 버디 로저스를 챔피언으로 원했다. 하지만 루 테즈는 연기자 같은 선수가 챔피언에 오르도록 허락할 수 없었고, 버디 로저스와는 악연도 있었다. 한때 루 테즈는 세계 타이틀전을 벌일 때 스승인 에드 루이스에게 홍보를 맡기고 3%의 입장 수입을 받게 만들었다. 프로모터들은 불만이 많았지만 워낙 챔피언의 기세가 등등했기에 울며 겨자먹기로 돈을 줄 수밖에 없었다. 둘이 사제관계라는 것을 몰랐던 버디 로저스는 3%의 수입을 나눠 갖자고 제의를 했다가 루 테즈의 분노를 사게 된다. 두 사람은 노인이 돼서야 화해했지만, 당시 루 테즈는 버디 로저스를 절대로 용서하지 않겠다는 태도를 취했다.

루 테즈가 타이틀을 내놓으려던 이유는 역도산의 주선으로 일본 원정을 떠나고 싶어했기 때문이었다. 1956년 하와이의 경기에서 역도산은 루 테즈를 테스트하는 듯했다고 한다. 상대방의 의도를 알자 루 테즈도 연기를 할 마음은 없었기에 경기는 실전으로 변질되었다. 힘은 역도산이 우세했지만 그라운드 기술은 루 테즈가 월등했기에 고전 끝에 우월함을 입증하자 이후 역도산은 이길 수 없음을 깨닫고 경기에 협조적으로 나왔다고 한다. 경기에서는 루 테즈가 승리했다.

원래 이날의 대결은 무승부로 될 뻔했지만 하와이의 프로모터 알 카라식의 농간이 있었다. 역도산은 일본에서의 명성을 지킬 필요가 있어서 무승부를 제안했고, 루 테즈도 이런 제안이라면 쉽게 동의할 수 있었다. 하지만 알 카라식은 그의 동업자인 바비 브런스와 공모해서 일본을 장악해야겠다는 계략을 꾸몄기에 역도산을 망신시키기 위해 경기에서 패하는 것으로 방향을 선회했다. 루 테즈에게는 역도산의 의견을 전하지도 않았다. 알 카라식이 역도산에게 루 테즈가 승리를 고집한다는 거짓말을 하자 역도산도 무조건 패할 수는 없어서 일단 맞섰던 것이다. 첫 경기에서는 좋지 않게 만났지만 이후 두 사람은 친구가 되었고, 일본에서의 가능성을 읽자 루 테즈는 타이틀을 내놓고 원정을 가기로 결심했던 것이다.

루 테즈는 자신이 추천한 딕 허튼에게 1957년 11월 14일 패한 후 스스로를 인터내셔널 챔피언이라고 명명하고 일본을 중심으로 해외 원정을 떠나서 전과 비교할 수 없을 정도로 많은 돈을 벌어들였다. 사실 인터내셔널 타이틀은 임의로 루 테즈가 만든 것일 뿐 공식 세계 타이틀은 아니었지만, 루 테즈는 일본에서 '프로레슬링의 신'으로 여겨졌기 때문에 그가 가지고 있는 타이틀이라는 것으로도 공신력을 지닐 수 있었다.

그 무렵 미국에선 딕 허튼이 관중몰이에 실패하면서 NWA는 균열이 가기 시작했다. 챔피언을 불러도 관중이 모이지 않자 NWA 프로모터들은 더 이상 챔피언에 미련을 두지 않았다. 난국을 타개하기 위해 NWA는 허튼의 타이틀을 팻 오코노에게 넘기기로 결정한다. 1959년 1월 9일 챔피언에 오른 오코노는 허튼보다는 관중몰이에 있어서 성공적이었고 경기력도 뛰어났다. 하지만 몇몇 지역에서 이전부터 있던 반란의 조짐은 오코노가 챔피언이 되자 본격적으로 등장했다.

WWA, 보스턴, 오하마의 반란

LA에서 WWA 타이틀이 탄생했고, 보스턴과 오마하에서도 새 단체가 분리해 나왔다. 루 테즈가 통합시켰던 지역에서 흥행이 제대로 되지 않자 다시 새로운 이름으로 세계 챔피언이 탄생했던 것이다. 이런 이유는 역시 루 테즈 때문이었다. 이들 단체들이 근거로 삼았던 경기는 1957년 6월 14일 시카고에서 벌어진 루 테즈와 에드워드 카펜티어 간의 대결이었다.

3판 2승제의 경기 중 1승 1패를 나눈 상황에서 루 테즈가 마지막 경기를 등 부상으로 기권하자 카펜티어가 챔피언에 올랐다. 타이틀을 내준 루 테즈는 역도산과의 경기에서 막대한 돈을 벌어들이기 위해 일본에 갔다. 당시까지 NWA는 해외에서 많은 돈을 모을 수 있다고 생각하지는 못하고 있었다. 챔피언이 타이틀을 들고 원정을 갔다가 해외에서 내줄 수도 있기에 NWA는 타이틀을 잠시 맡은 것이나 다름없었다.

몬트리올의 프로모터 에디 퀸은 자신의 최고 선수가 챔피언에 오른 후 잦은 원정을 다녔기에 막대한 수입 감소를 느끼자 카펜티어를 불러들인 후, NWA 탈퇴를 선언한다. 이제 NWA 챔피언이 연맹을 떠나버렸다. 루 테즈가 돌아오자 NWA는 1957년 7월 24일 경기를 주선하고, 루 테즈는 카펜티어에게 반칙승을 거둬서 다시 챔피언으로 명명되었다. 조용히 묻힐 수도 있던 이 사건은 독립을 꾀하던 LA, 오하마, 보스턴의 단체들이 반칙승으로 챔피언을 바꿀 수 없다며 세계 챔피언은 카펜티어라고 주장하면서 전면에 부각되었다.

카펜티어가 LA, 오하마, 보스턴에서 패하면서 세계 챔피언이 계속 늘어났다. 오마하의 타이틀은 1957년 6월 14일 분리된 이후 1958년 8월 9일 본격적으로 출발했고, 1963년 9월 7일 버네 가니에가 타이틀을 차지하면서 AWA로 통합된다.

LA의 WWA 타이틀은 1961년 6월 12일 부상 때문에 경기를 더 이상 할 수 없던 카펜티어가 클래시 프레디 블래시에게 타이틀을 넘기면서 탄생한다. 1962년 3월 28일에는 역도산이 WWA 챔피언에 오른다. 해외로 타이틀이 넘어가는 것을 꺼린 NWA 프로모터들과의 협상에서 실패하자 역도산이 대신 WWA 타이틀을 차지했던 것이다. 일본과 LA를 중심으로 블래시와 역도산은 큰 흥행을 일으키며 WWA 타이틀을 명목만이 아닌 세계적인 타이틀로 만들기도 했다. 이 타이틀은 1967년 6월 9일 마크 루윈을 꺾고 한국의 김일 선수가 차지하면서 처음으로 미국 밖에서 챔피언이 바뀌었고, 7월 28일 미국에서 마이크 디비아시가 김일 선수로부터 빼앗아 가기도 했다. WWA는 1968년 10월 1일 NWA로 편입된다.

WWA, 오하마, 보스턴 등의 단체는 자신의 지역을 중심으로 이벤트를 벌이면서 적절한 흥행을 거두고 있었다. 하지만 NWA는 프로모터들이 버디 로저스와 챔피언 팻 오코노의 경기를 결정하자 다시 한 번 뜨거운 분위기가 형성되었다. 1961년 6월 30일 시카고의 코미스키 파크에서 벌어진 타이틀 경기는 38,000명 이상의 관중을 동원해 당대 최고 기록을 경신했다. 이러한 현상은 연합에서 이탈할 생각을 갖고 있던 프로모터들에게도 경종을 울리는 일이었다.

또 다른 세력 AWA

NWA가 프로모터들의 합의를 통해 챔피언을 선발하자 불만 있는 세력이 하나 둘씩 생겨났다. 작은 세력들은 NWA의 협공을 통해서 소멸되었지만 거대한 세력이 카리스마 있는 챔피언을 등에 업고 방송국과 손을 잡으면 이야기는 달라졌다. 1960년대 초 미드 웨스트 지역의 프로모터들은 30세의 버네 가니에라는 걸출한 스타를 믿고 반기를 들었다. 버네 가니에는 아마추어레슬링 대학 선수권 대회 NCAA에서 두 번이나 챔피언에 오른 후 1949년 프로레슬러로 전향한 스타였다.

AWA는 미네아폴리스와 세인트 폴을 중심으로 인근 지역까지 장악했고 후일에는 캐나다와 일본까지 위세를 떨치게 된다. 더 크러셔, 릭 마텔, 커트 헤닉, 그레그 가니에, 매드 독 배션, 서전 스로터, 배런 본 래시크, 닉 복윙클 등이 커다란 활약을 선보였고 릭 플레어와 리키 스팀보트라는 미래의 거장들이 신인 시기를 보낸 단체가 바로 AWA이다.

AWA의 멸망은 시대의 변화를 읽지 못한 것에 큰 원인이 있었다. 챔피언은 진정한 운동선수가 되어야 한다는 신조를 갖고 있던 버네 가니에는 기타를 치다가 프로레슬러로 변신한 헐크 호건을 챔피언 감으로 인정하지 않았다. 「록키 3」에 출연한 스타 호건이 나오는 경기는 연일 만원을 기록했지만, 버네 가니에는 이미 50대에 접어든 닉 복윙클이 더 훌륭한 챔피언이라고 믿고 있었다. 20세 이상 연상의 선수로부터 헐크 호건이 타이틀을 따내지 못하자 팬들은 점점 지쳐갔다. 1983년 4월, 드디어 호건이 닉 복윙클을 꺾었지만 판정이 번복되면서 또 다시 챔피언은 타이틀을 지켰다. 이번에 실망했던 것은 팬들만이 아니었다. 헐크 호건도 마찬가지였다.

1983년 12월 15일 버네 가니에는 호건이 AWA를 떠난다는 뜻밖의 전보를 받았지만 당시 호건은 일본 원정을 갔기에 단순히 장난이라고 생각했다. 그러나 WWF의 젊은 프로모터 빈스 맥맨이 이미 호건을 빼내간 뒤였다. 제시 벤츄라, 데이브 슐츠, 진 오클런드를 비롯한 20명 이상의 스타들을 한꺼번에 빼앗긴 AWA는 ESPN 방송국과 1991년까지의 계약 기간이 만료되면서 자연스럽게 프로레슬링계에서 사라지게 되었다.

뉴욕의 거물, 빈스 맥맨 시니어

1950년대 많은 단체들이 난립하던 뉴욕이라는 황금시장을 선점하기 위해서 챔피언 루 테즈를 데리고 오는 단체도 있었으나 예상 밖으로 별다른 성공을 거두지는 못했다. 당시 뉴욕에서 최고의 인기선수는 원조 하이 플라이어(high flyer)라고 할 수 있는 안토니오 로까였다. 로까는 공중기술과 발로 상대의 뺨을 때리는 놀라운 재주를 선보이면서 관중들을 끌어들였다.

이탈리아계로서 아르헨티나에서 미국으로 이민을 왔던 로까는 당시 뉴욕에 많았던 이탈리아와 중남미 출신들의 대단한 열광과 환호를 등에 업고 있었다. 안토니오 로까 덕분에 빈스 맥맨 시니어는 점점 유리한 국면을 차지해 갈 수 있었다.

오하이오의 알 해프트와 몬트리올의 에디 퀸의 뉴욕 점령 시도가 실패로 돌아갔고, 1956년 TV 방영권까지 획득한 빈스 맥맨 시니어는 1956년 11월 26일 안토니오 로까와 딕 더 부르이저의 대결을 성공적으로 이끌면서 메디슨 스퀘어 가든의 새 주인으로 떠올랐다. 안토니오 로까는 푸에르토리코 출신의 미구엘 페레즈와 태그팀을 이뤄서 인기를 끌었지만 강력한 악역 버디 로저스가 얼마 뒤 그의 인기를 뛰어넘게 된다. 뉴욕의 관중들은 레슬링을 보기 위해서 구름처럼 몰려들었다.

뉴욕의 소식을 들은 NWA의 회장 샘 뮤닉이 연맹의 흥행을 위해서 새 챔피언으로 버디 로저스를 선정했지만 빈스 맥맨 시니어는 반기지 않았다. 뉴욕을 장악했고 시카고까지 영향력을 미쳤기에 굳이 NWA의 필요성을 느끼지 못하고 있었고 스타를 빼앗겨서 흥행에 타격을 입고 싶지 않았던 것이다.

빈스 맥맨 시니어는 뉴욕을 중심으로 한 절대 강자였다. 그의 사업 파트너인 투스 문츠는 노년기에 접어들었지만 골더스트 트리오 시절의 지략은 여전했다. 두 사람이 이끄는 캐피톨 레슬링 주식회사는 NWA에서 가장 거대한 세력이었다. 문제는 너무 독립적으로 행동한다는 것이었다. 가장 인기 있는 스타인 버디 로저스를 움직일 수 있었기에 위세도 등등했다.

1962년 말에 접어들어 빈스 맥맨 시니어가 세계 챔피언을 외부에 보내는 빈도를 줄여나가자 NWA의 다른 프로모터들은 챔피언을 부르기가 힘들어졌다. 그런데 40대가 넘은 버디 로저스에게 심장질환이 생기자, 원정은 고사하고 빈스 맥맨 시니어의 경기조차 자주 참여할 수도 없게 되어버렸다.

　　NWA의 챔피언 차출 요구에 지친 빈스 맥맨 시니어는 연맹에서 탈퇴를 고민하게 된다. 연맹을 탈퇴한다는 소문이 들리자 깜짝 놀란 NWA 회장 샘 뮤닉은 버디 로저스로부터 타이틀을 찾아올 계획을 만든다. 그 대답은 47세의 루 테즈였다. 당시 루 테즈는 반쯤 은퇴한 후 농장에서 말을 키우고 있었다. 상황에 대해서 설명을 들은 루 테즈는 기쁜 마음으로 돌아왔다. 일단 버디 로저스를 좋아하지 않았고 투스 문츠와는 신인 시절 돈 문제로 갈등이 있은 후 아직도 앙금이 남아있었다. 버디 로저스나 안토니오 로까 같은 연기력만 강한 선수들을 중용하는 빈스 맥맨 시니어도 그다지 좋아하지 않았다.

　　하지만 버디 로저스는 경기를 계속 회피했다. 우여곡절 끝에 1962년 말 타이틀전이 계획되었지만 경기를 며칠 앞두고 버디 로저스는 부상을 입는다. 루 테즈와 더불어 실전에서 가장 강력한 선수라고 알려진 칼 고치와 설전을 벌인 후 그를 피해 도망가던 버디 로저스는 칼 고치와 같이 온 벤 밀러를 만나게 되고, 벤 밀러가 갑자기 문을 닫는 바람에 손목이 부러지고 만다.

　　버디 로저스가 경기를 포기하자 샘 뮤닉은 경고했다. 당시

NWA 챔피언은 25,000달러를 위원회에 맡기고 타이틀을 잃으면 찾아가는 것으로 약정을 맺고 있었다. 당시에는 큰돈인 25,000달러를 자선 단체에 기증하기 전에 빨리 경기를 하라는 최후 통첩을 받자 버디 로저스는 흔들리기 시작했다. 그동안 무서워했던 루 테즈도 특명을 받고 기세등등하게 타이틀을 가져가겠다고 하자 버디 로저스는 대안이 없었다.

1963년 1월 24일 루 테즈는 버디 로저스에게 역사에 길이 남을 말을 남겼다. "We can do this the easy way or the hard way(쉬운 방법으로 마칠 수도 있고 어려운 길을 선택할 수도 있어)." 로저스는 쉬운 방법인 타이틀을 내 주는 것을 택했다. 빈스 맥맨 시니어는 경기를 마치고 돌아온 버디 로저스에게 선제공격을 하여, 루 테즈를 제압하면 되지 않았느냐고 하소연을 했다. 그 말을 들은 버디 로저스는 황당하다는 표정을 지은 후, 이런 답변을 했다고 전해진다. "미쳤습니까?"

WWWF의 등장

버디 로저스가 패하자 빈스 맥맨 시니어는 NWA 연맹에서 탈퇴한 후 WWWF(World Wide Wrestling Federation)를 세웠다. 루 테즈는 뉴욕에서 큰 인기가 없었기에 그다지 필요하지 않았다. 버디 로저스의 명성을 지키기 위해서 이제 남은 일은 팬들의 귀를 막는 것이었다. 당시 레슬링의 주요 소식원은 잡지 밖에 없었기 때문에 빈스 맥맨 시니어는 레슬링 잡지 기자들에게 루 테즈와 버디 로저스의 경기 결과를 보도하지 말도록 부탁했다. 하지만 스탠리 웨스톤이라는 기자가 보도하자 빈스 맥맨 시니어는 후일 계속 신경전을 벌이기도 했다.

버디 로저스는 1963년 3월 WWWF 초대 챔피언에 올랐다. 브라질의 리우데자네이루에서 벌어진 토너먼트의 결승전에서 버디 로저스가 안토니오 로까를 꺾고 챔피언에 올랐다고 발표되었으나 실제로는 경기 없이 타이틀을 수여받았다. 브라질에서의 토너먼트는 WWWF가 지어낸 이야기였다.

의욕적으로 WWWF는 출발했지만 버디 로저스의 심장 문제가 점점 부각되자 빈스 맥맨 시니어는 이탈리아계 출신 부르노 사마티노로 챔피언을 바꿔야 한다고 판단했다. 챔피언은 반드시 링에서 타이틀을 반납해야 한다는 철칙을 지키기 위해 1963년 5월 17일 버디 로저스는 휠체어를 타고 경기장에 등장한 뒤 48초 만에 부르노 사마티노에게 타이틀을 넘겨준다.

사마티노가 챔피언에 오르자 WWWF는 상승곡선을 긋기 시작했다. 사마티노는 6백 파운드가 넘는다는 헤이색 칼호운을 들어올릴 정도로 힘이 무척 셌다. 그는 고릴라 몬순, 킬러 코왈스키, 니콜라이 볼코프, 왈도 본 에릭, 빌 왓츠, 클래시 프레디 블래시 등을 상대로 무난히 타이틀을 지키면서 1960년대 최고 스타로 자리매김했다. 경기력 자체로는 NWA 챔피언 루 테즈, 진 키니스키 등이 한 수 위였지만 WWWF의 효율적인 전략이 사마티노를 돋보이게 했다. NWA 챔피언들은 선한 역과 악한 역 가릴 것 없이 도전을 받았지만, 사마티노는 대도시를 중심으로 다니면서 선악구도의 명쾌한 경기를 펼쳤기에 흥행 수입은 다른 챔피언들보다 훨씬 앞섰던 것이다.

1965년 빈스 맥맨 시니어와 NWA의 회장 샘 뮤닉은 빈번하게 접촉하기 시작했다. 권투가 세계 타이틀전으로 엄청난 인기를 끌자 두 사람은 흥행을 위한 묘수를 내던 중 타이틀 통합이라는 결론에 도달했던 것이었다. 권투의 경우는 커다란 극장을 빌려서 새 기술인 폐쇄회로(closed-circuit) TV 방식으로 상영하면서 직접 경기장에서 벌어들이는 수입 이외에도 큰돈을 벌고 있었다. 이러한 신기술을 이용해서 큰돈을 벌려면 통합 타이틀전이 필요하다는 것에 양측 모두 공감했다.

당시 NWA 챔피언은 50대를 바라보는 루 테즈였다. 양측은 관중 동원능력이 더 뛰어난 사마티노가 승리하는 것으로 결론을 내렸다. 이 경기가 끝나면 WWWF는 다시 NWA의 일원으로 들어가는 것이었다. 규모 자체로는 WWWF가 다른 NWA 구성원들보다 컸기에 이전부터 항상 독립적이었지만 빈스 맥맨 시니어는 다른 프로모터들과 사이가 좋은 편이었으므로 재가입에 문제는 거의 없었다. 승리한다는 것에 만족하던 부르노 사마티노는 미국 전역과 캐나다까지 돌아다니면서 한 달에 이틀만 쉬게 된다는 계획을 듣게 되자 난색을 표했다. 여전히 투스 문츠와 빈스 맥맨 시니어를 증오하던 루 테즈는 당시로서는 거액인 10만 달러 이상을 받아야만 패배를 할 수 있다고 고집했다. 결국 이 협상은 결렬된다.

협상은 깨졌지만 사마티노의 명성은 계속 이어지고 있었다.

사마티노는 일본에도 진출, 자이언트 바바와 경기를 갖는다. 1967년 3월 2일 오사카에서 벌어진 경기는 WWWF 챔피언으로서가 아니라 인터내셔널 타이틀에 대한 도전자의 역할이었다. 원래 인터내셔널 타이틀은 루 테즈가 임의로 만든 타이틀이었기 때문에 출발 당시에는 전혀 공신력이 없었다. 그러나 역도산이 이 타이틀을 이용해서 커다란 흥행을 기록하면서 타이틀의 가치가 오르기 시작했다. 1968년 8월 2일 벌어진 두 번째 경기도 역시 60분 무승부로 끝맺게 된다.

WWWF의 위기

최고의 주가를 올리던 WWWF도 1969년 방영권을 잃자 흔들리기 시작했다. 1969년 6월의 이벤트에 5천 명을 약간 넘는 관중이 입장하자 다급한 WWWF는 수소문 끝에 겨우 UHF 방식의 방송국을 잡게 되었다. 주로 스페인어 방송이 방영되기에 중남미 사람들이 많이 시청하는 작은 방송국이었지만 WWWF로서는 별다른 대안이 없었다. 훌륭하지는 않았지만 방송국을 잡자 1970년 6월에는 2만 명 이상이 입장하면서 WWWF는 겨우 숨통을 틔우게 된다. 다시 살아났다는 안도감에 젖었지만 새로운 문제가 내부에서 발생했다. 챔피언 부르노 사마티노가 30대 중반을 넘기자 힘든 스케줄에 불만이 커졌고, 부상에 시달리자 흥미를 잃어가면서 빈스 맥맨 시니어에게 다음 챔피언을 정하라고 통보했던 것이다.

1971년 1월 18일 메디슨 스퀘어 가든은 만원이었다. 러시아의 이반 콜로프와 상대하는 영웅 부르노 사마티노를 보러 온 관중들은 경기가 끝나자 두 눈을 의심해야 했다. 8년 가까이 타이틀을 지키던 챔피언이 눈앞에서 무너졌던 것이다. 탑 로프에서 뛰어내려서 무릎으로 챔피언을 강타한 이반 콜로프는 새 챔피언으로 등극했다. 분노한 관중들이 폭동을 일으킬 우려가 있기에 이반 콜로프는 링에서 타이틀을 받지 못했다.

본명이 짐 패리스로 러시아 출신 악역으로 변신하면서 주목을 받은 이반 콜로프는 캐나다 몬트리올 태생이었다. 키는 175cm 정도로 크지는 않았지만, 몸무게가 120kg이나 되었고 파워리프터 출신이었기에 힘이 무척 셌다. 이반 콜로프는 선한 역에게 타이틀을 넘겨주기 위한 한시적인 챔피언이었다.

중남미 출신 시청자들이 많이 보는 방송국에서 방영되었기에 빈스 맥맨 시니어는 다음 챔피언으로 푸에르토리코 출신의 페드로 모랄레스를 내정했다. 16세부터 프로 선수로 활약했던 모랄레스는 그다지 기술이 좋은 선수는 아니었다. 데뷔 초기 승률이 높지 않았지만, 1960년대 중반 공중 기술을 선보이면서 점점 주목받기 시작했다. 부르노 사마티노가 타이틀을 반납하겠다고 의사를 표시했던 것은 갑작스러운 일이었으므로 빈스 맥맨 시니어는 급박하게 다음 챔피언을 골라야 했기에 페드로 모랄레스의 몇 가지 장점을 본 후 결정을 내렸다.

모랄레스는 1970년 12월 WWWF에 US 챔피언으로 등장했다. US 타이틀은 캘리포니아에서 가져왔다고 명명되었지만 존재하지도 않았던 엉터리 토너먼트를 통해 탄생한 타이틀이었다. 부르노 사마티노가 타이틀을 잃은 지 3주가 지난 1971년 2월 8일 세계 챔피언과 US 챔피언 간의 경기가 예정되었다. 이 경기에서 두 챔피언의 어깨가 동시에 캔버스에 닿은 듯했지만 심판은 모랄레스의 손을 들어주었다.

경기장은 환호소리로 떠나갈 듯한 분위기였다. 그 중에서도 푸에르토리코 출신의 사람들은 자신들과 같은 핏줄의 선수가 챔피언이 되자 동질감을 느끼고 모랄레스 경기만 있다면 만사를 제쳐두고 경기장으로 향했다. 하지만 그들은 과격했다. 악역 선수를 향해서 물건을 던지는 일은 예사였다. 사마티노 시기에는 논타이틀 경기에서 석연치 않은 판정이 나온 후 재경기에서 챔피언이 확실하게 승리를 거두는 것이 일반적이었지만 이제는 챔피언의 패배가 관중 폭동과 직결되었기에 모랄레스는 승리를 매번 챙겨갔다.

모랄레스의 또 다른 문제는 경기 패턴이 매우 단순하다는 것이었다. 20대 후반에는 불어난 체중으로 인해서 더 이상 공중기술을 선보이지 않았고, 그라운드 기술은 원래 부족했기 때문에 경기가 형편없었다. 계속 맞다가 레프트 훅으로 반격하는 모랄레스의 단순한 경기는 푸에르토리코 출신 관중들만 열광했을 뿐 일반 팬들은 사마티노를 그리워하기 시작했다.

모랄레스의 가장 큰 단점은 뉴욕 이외의 지역에서 별다른 흥행수익을 올리지 못한다는 점에 있었다. 이런 문제로 인해 빈스 맥맨 시니어는 다시 NWA와의 제휴를 생각하게 된다.

세기의 스타들

부르노 사마티노의 재림

1970년대 초반에는 전세계적으로 프로레슬링의 호황기였고 미국에서도 마찬가지였다. 각 단체들은 지역 방송국에 의지하면서 전국을 할거하고 있었다. 북동부의 WWWF와 NWA 연맹은 나란히 성공을 거두고 있었다.

빈스 맥맨 시니어와 NWA 회장 샘 뮤닉은 1972년 본격적으로 관계를 회복한다. 1965년 양측 간에 협상이 있었지만 챔피언들의 완강한 반대에 부딪히자 협상이 결렬된 뒤 7년 만의 일이었다. 원래 빈스 맥맨 시니어는 NWA에서 탈퇴했음에도 불구하고 그동안 회의에는 정기적으로 참가했었다. 심지어 자신이 쓰지도 않을 NWA 챔피언을 투표로 결정하는 7인의 하나로 계속 일할 정도로 연맹의 존경을 받고 있었다.

양측이 제휴한 계기는 뉴욕을 제외한 다른 지역에서 페드로 모랄레스가 별로 인기가 없었기 때문이었다. 모랄레스는 세계 챔피언에서 WWWF 챔피언으로 조용히 명칭이 변경되었다. 흑자상태의 WWWF가 명칭을 변경한 이유는 NWA로부터 세력권을 침해당했던 것이 아니라 더 많은 이익을 창출하기 위해서 협력했기 때문이었다. WWWF의 팬들은 다른 지역의 레슬링을 잘 알지 못했기에 그들의 세계 챔피언은 여전히 페드로 모랄레스였고, 후일 NWA 챔피언 할리 레이스가 뉴욕에 오기 전까지 다른 단체에 대해서 아는 이는 드물었다.

이 당시 전 챔피언 부르노 사마티노는 비싼 대전료를 받으면서 가끔 경기를 하고 있었다. 인기가 여전했던 사마티노를 활용하기 위해서 빈스 맥맨 시니어는 1972년 9월부터 모랄레스와 사마티노의 태그팀을 만들었다. 태그팀 타이틀을 노리던 두 사람은 일본인 악역인 토루 다나카와 미스터 푸지의 팀을 상대하면서 암초에 부딪힌다. 일본인 선수들이 던진 소금 때문에 잠시 눈이 보이지 않던 사마티노와 모랄레스는 마구 주먹을 휘둘렀고, 감정이 이미 격할 대로 격해진 뒤였기에 공격은 그 강도를 더해갔다.

1972년 9월 30일 '세기의 대결'로 명명된 두 사람의 경기는 안 좋은 날씨에도 불구하고 2만 2천 명이 입장, 14만 달러의 입장 수입을 기록하며 모랄레스가 보통 벌어들이는 입장 수입의 두 배에 가까운 결과를 보였다. 경기는 무승부로 끝났고 WWWF는 75분의 명승부라고 두 사람의 경기를 칭송했지만 사실 요즘의 기준으로 볼 때는 지루하기 짝이 없었다.

모랄레스는 WWWF의 또 다른 핵심지역인 보스턴, 발티모어 등에서 별다른 인기가 없었기에 빈스 맥맨 시니어는 부르노 사마티노에게 구원을 요청하게 된다. 당시 사마티노는 고액의 대전료를 받으면서 중요한 경기만 선별적으로 가끔 벌였기에 웬만한 제의에는 흔들리지 않았다. 게다가 빈스 맥맨 시니어와는 사업 파트너의 관계였을 뿐 인간적인 신의는 그다지 깊지 않았다. 이에 빈스 맥맨 시니어는 30대 후반인 사마티노에게 고액의 연봉과 예전보다 훨씬 적은 경기를 보장하며 계약을 제의한 것이다. 사마티노는 1973년 10월부터 WWWF에 정기적으로 등장한다.

1973년 여름, 사마티노를 제외하고 유일하게 모랄레스와 무승부를 이끌어낸 스탄 스테이지액이 WWWF로 돌아와서 챔피언에게 도전 의사를 밝혔다. 그러나 여름과 가을에 벌어진 대결에서 스테이지액은 챔피언을 넘지 못했다. 1973년 12월 1일 필라델피아에서 모랄레스와 스테이지액의 재대결이 예정되었다. 당시까지 중요한 타이틀은 대부분 뉴욕에서 변경되어왔고, 이 날 벌어진 대결에는 5천 명 이하의 관중이 입장했기 때문에 사실 커다란 기대를 갖기는 힘든 상황이었다.

모랄레스와 스테이지액의 어깨가 동시에 닿았지만 심판은 경기 종료를 선언한 후, 누구의 손도 들어주지 않았다. 링 아나운서가 챔피언에 대한 환호를 유도했기에 팬들은 당연히 타이틀을 지킨 것으로 생각하고 집으로 돌아갔다. 이는 관중 폭동을 우려했기 때문에 내린 결정이었다. 3일 뒤 방송에서 스태이지액은 타이틀을 들고 나타났다. 스태이지액 역시 사마티노를 위한 한시적인 악역 챔피언이었다.

당시 36세이던 스태이지액은 상대방의 심장을 강타하는 '하트 펀치'로 명성을 날리긴 했지만 정상급의 악역 선수일 뿐, 세계 챔피언급은 아니었다. 선한 역의 선수들을 스태이지액이 일방적으로 물리치자 전 챔피언 부르노 사마티노가 도전 의사를 밝혔다. 1973년 12월 10일 부르노 사마티노는 탑 턴버클 위로 올라간 스태이지액을 힘껏 캔버스 위로 던진 후, 승리를 차지하면서 두 번째로 WWWF 챔피언에 오르게 된다. 이제 WWWF는 다시 부활의 기회를 맞이하게 된다.

이 당시 NWA는 경기력이 좋은 선수들이 이끌어가고 있었다. 1969년 2월 11일 진 키니스키를 꺾고 챔피언에 오른 도리 펑크 주니어는 NWA의 1970년대 초반을 장식했다. 부친이 유명 프로레슬러 출신의 프로모터이긴 했지만 가문의 후광으로 챔피언에 오른 것은 아니었다. 도리 펑크는 젊은 신예 잭 브리스코와 라이벌 관계를 형성하면서 최고 수준의 경기를 펼쳐갔다. 하지만 도리 펑크의 타이틀을 빼앗아간 것은 할리 레이스였다. 할리 레이스는 터프한 성격을 지녔고 역시 경기력이 뛰어났다. 할리 레이스는 후일 수차례 챔피언에 오르기도 했지만 이 시기에는 다음 선수를 위한 한시적인 챔피언이었다.

1973년 7월 20일 할리 레이스를 꺾고 챔피언에 오른 잭 브리스코는 NWA의 차세대 기대주였다. 잭 브리스코는 NCAA 1965년 우승자로 1970년대 최고의 테크니컬 레슬러로 꼽혔다. 잭 브리스코는 폴 존스, 이반 콜로프, 슈퍼스타 빌리 그램, 옥스 베이커, 팻 패터슨 등을 연파하면서 타이틀을 지켰다. 하지만 1974년 12월 2일 잠시 일본의 자이언트 바바에게 타이틀을 내주게 된다. 이는 전일본 프로레슬링이 NWA와의 협상을 통해 타이틀을 잠시 매입했기 때문이었다. 일주일 뒤인 1974년 12월 9일 잭 브리스코는 다시 타이틀을 찾아온다.

안토니오 이노끼 vs. 무하마드 알리

1970년대 초반에는 많은 단체들이 호황이었지만 1974년을 기점으로 해서 한풀 꺾이기 시작했다. 플로리다, 조지아, 캐롤라이나와 같이 전통적으로 프로레슬링이 활성화된 지역은 그래도 안정적이었지만 AWA, 스템피드 레슬링, 토론토, 텍사스, 디트로이트, 포틀랜드 등의 하락세는 눈에 띄었다. 이런 와중에서 WWWF는 외풍에 전혀 흔들리지 않고 여전히 전국에서 단일 단체로서는 최고 규모를 유지했다.

WWWF의 상승세에는 다시 돌아온 사마티노의 영향이 컸다. 1970년대 초반 프로레슬링 붐을 통해서 많은 선수들이 유입자 활용할 수 있는 악역의 폭이 넓어지면서 도전자는 6개월 전에 먼저 확정되기도 했다. 화려한 공중기술에 멋진 근육을 지닌 멕시코의 복면 레슬러 밀 마스카라스도 WWWF에 등장하면서 큰 반향을 일으켰다. 이제 뉴욕을 중심으로 필라 델피아, 보스턴 등지에서도 WWWF의 인기가 폭발적이었다.

이탈리아 이민자로서 아메리칸 드림을 실현했다는 사마티노는 40을 바라보는 나이였지만 좀더 감량된 몸 덕분에 오히려 과거보다 길고 치열한 경기를 할 수 있었다. 선수 생활의 마지막을 불태우던 클래시 프레디 블래시, 거구이지만 빠른 스피드를 자랑하던 돈 레오 조나단, 몽골인의 역할에서 갑작스럽게 러시아인으로 변신한 니콜라이 볼코프가 도전장을 내밀었으나 모두 실패했다. 과거의 적수 킬러 코왈스키, LA의 간판 스타 존 토로스, NFL 출신의 바비 던컴도 마찬가지였다.

1975년 1월 사마티노를 꺾었던 이반 콜로프가 돌아오면서 WWWF는 한층 더 뜨거워졌다. 1975년 12월 15일 벌어진 재격돌에서 사마티노는 5년 만에 복수에 성공한다. 사실 1971년 사마티노가 다른 단체에서 콜로프를 꺾은 적이 있으나 WWWF 팬들은 잘 몰랐기에 이번 승리는 특별했다.

1976년 4월 26일 텍사스 출신 스탄 한센이 바디 슬램으로 공격하다가 목부터 떨어뜨리면서 사마티노는 큰 부상을 입는다. 경기는 챔피언의 과다 출혈로 끝났지만 사마티노는 목이 부러진 것으로 진단받았다. 의사는 은퇴를 권유했다. 방송에서도 목이 부러진 것으로 발표되었지만 바디 슬램에서의 실수가 아니라 스탄 한센의 '래리어트'를 맞았기 때문이라고 언급되었다. 상대방의 목을 팔뚝으로 치는 단순한 동작이 갑작스

럽게 살인적인 기술로 둔갑되고 말았던 것이다. 우연한 실수
는 스탄 한센을 엄청난 악역으로 둔갑시켰고, 후일 일본에서
전설적인 선수의 반열에 오르는 계기가 되기도 했다.

　1976년 일본의 안토니오 이노끼가 무하마드 알리와 경기를
하기로 합의하였다. 이노끼는 그동안 세계 정상급의 선수들과
상대했지만 승부는 미리 정해져 있었고, 알리에게는 6백만 달
러를 주고 패배를 받아내기로 합의했었다. 당시 이노끼는 모
든 스포츠를 통틀어서 최고 스타인 알리를 이긴다면 자신이
영웅이 될 수 있다는 것을 잘 알고 있었던 것이다. 일본 전역
은 경기를 앞두고 흥분했지만, 미국에서는 이노끼가 무명에
가까웠기 때문에 별다른 호응을 얻지 못했다. 이에 WWWF
는 알리와 이노끼의 경기와 더불어서 안드레이 더 자이언트와
복서 척 웨프너의 대결을 추가했다.

　신일본 프로레슬링과 WWWF는 권투와 프로레슬링 팬을
동시에 끌어들일 수 있다고 계산했지만 미국에서는 기대 이하
의 반응이 나왔다. 미국 복싱팬들은 실전이 아니라는 것을 감
지하고 있었다. 프로레슬링 팬들은 이노끼의 존재를 알지 못
했고 심지어 프로모터들도 생소해했다. 게다가 활용하지도 못
할 선수의 경기를 돈을 들여서 방영하는 모험을 하느니 차라
리 자신의 스타를 홍보하는 편이 훨씬 나았다. 미국 기자들은
승부가 미리 결정되었다는 기사를 작성하기 시작했다. 언론의
조롱이 계속되자 WWWF는 마지막 카드를 꺼내든다. 부르노
사마티노와 스탄 한센의 재대결이었다. 사마티노는 목부상에

서 완쾌되지 않은 상태였다. 사마티노는 위험을 감행하고 싶지는 않았지만 빈스 맥맨 시니어는 이대로 진행된다면 커다란 손실은 불을 보듯 뻔했기에 완강했다. 사마티노는 빈스의 간곡한 부탁을 받자 고민 끝에 경기를 결정한다.

미국의 시어 스타디움에서 벌어지는 경기와 일본 부도칸 홀에서 벌어지는 이노끼와 알리의 대결은 이원 생중계되었다. 경기가 벌어지기 직전까지는 기자들의 말이 맞아들어가는 듯했다. 원래 계획은 패배하는 것이었지만 일본에 도착한 알리는 이노끼에게 지는 것에 기분이 상하기 시작하면서 결정을 여러 번 번복하던 끝에 결국 져줄 수는 없다는 의견을 통보했다. 이노끼 측은 경기를 취소할 수 없기에 협상에 들어갔지만 실패하면서 경기는 실전으로 둔갑해버렸다.

미국에서는 3만 2천 명의 팬들이 운집했다. 총 수입으로 약 40만 달러를 거두면서 그동안 전미 최고 입장 수입을 두 배 이상 뛰어넘었다. 미국에서 흥행을 기록한 이유는 이노끼와 알리의 대결이 아니라 사마티노의 복수전 때문이라는 것이 더 컸다. 안드레이가 3라운드에 척 웨프너를 링 밖으로 던지자 밖에 있던 프로레슬러 고릴라 몬순이 갑자기 척 웨프너와 주먹을 교환하기 시작하면서 안드레이의 승리로 끝났다. 사마티노는 목부상이 재발할 수도 있었기에 한센과의 경기에서 공격을 거의 당하지 않는 것으로 합의를 봤었다. 이 경기는 카운트아웃으로 끝나서 재대결을 기대하도록 만들었다. 미국에서 벌어진 경기에 관중들은 폭발적인 반응을 보였다.

1976년 6월 25일 일본의 부도칸 홀은 만원이었다. 하지만 경기가 시작되자 이노끼는 계속 누워있으면서 알리의 다리만 노렸고 그라운드 자세에 들어가면 알리는 로프를 잡아서 바로 풀려났다. 알리는 7회가 되어서야 펀치를 날릴 수 있었고 10회가 되자 두 번째 주먹이 나왔다. 이노끼는 결코 일어날 생각이 없었다. 그는 팬들의 조롱을 받더라도 알리를 분노하게 해서 그라운드 자세로 유도하는 것이 목적이었다고 한다. 둘은 15라운드 무승부를 기록하면서 알리가 6백만 달러, 이노끼는 4백만 달러라는 거금을 챙겼지만 정확히 말하자면 모두 패한 것이나 다름없었다. 알리의 다리가 계속 킥에 맞은 것은 분명히 좋은 결과는 아니었다. 이노끼가 이기리라고 굳게 믿었지만 링에 누워서 경기를 했다는 것에 일본인들조차도 무척 실망을 했다. 신일본 레슬링의 이벤트에 다시 관중들이 모이기 시작한 것은 세월이 많이 흐른 후의 일이었다.

빌리 그램 vs. 밥 백런드

챔피언 사마티노는 목부상에서 완쾌되지 못했기에 자주 경기를 할 수 없었다. 빈스 맥맨 시니어는 40대에 접어들었고 목부상에 시달리는 사마티노를 대신할 후계자를 찾아야 할 때라고 판단했다. 이에 아마추어레슬러 출신의 밥 백런드가 낙점된다. 밥 백런드는 1971년 NCAA 2부 리그 190파운드 우승자 출신이었다. 노스 다코다 주립대 재학 시절에는 풋볼에도 재능을 보였고, 프로레슬링에 입문한 뒤 뛰어난 운동신경과 좋은 체격, 타고난 힘 덕분에 주목을 받았다. 그다지 머리가 좋지 못했고 신기하게도 문맹이라는 단점은 있었지만 NCAA 1부 리그 챔피언 출신으로 NWA 챔피언이 된 잭 브리스코의 멋진 모습에서 착안해서 밥 백런드가 선택되었다.

빈스 맥맨 시니어는 악역 선수가 타이틀을 차지한 뒤 바로 선한 역에게 넘기는 일을 이번에는 하지 않기로 결심했다. 페드로 모랄레스 시대의 실패를 반복하지 않기 위해서 이번에는 좀 더 여유를 두고 팬들이 밥 백런드에 익숙해지는 시간을 만들었다. 이에 부르노를 대신할 악역 챔피언에게 장기간 타이틀을 맡기게 된다. 그간 WWWF의 악역 챔피언은 한시적인 역할이었지만 이번에야말로 진정한 악역 챔피언이 탄생하게 되었다. 그 선수는 바로 슈퍼스타 빌리 그램이었다.

1976년 초반 WWWF에서 부르노 사마티노에게 도전했던 적이 있었던 빌리 그램은 이 당시 플로리다에서 활약하고 있었다. 빈스 맥맨 시니어는 플로리다의 프로모터 에디 그램을 통해서 앞으로 1년 이상 빌리 그램에게 타이틀을 맡기고 1978년 밥 백런드에게 챔피언을 넘긴다는 계획을 말해줬다. 빌리 그램은 세계 챔피언이 된다는 말에 흔쾌히 이적했다. 빌리 그램과 같은 시기에 밥 백런드도 WWWF에 데뷔했다. 그동안 부르노 사마티노는 전 챔피언인 스탄 스테이지액을 꺾었고, 1972년 올림픽 역도선수 출신의 캔 패테라와 계속 경기를 가졌으나 제대로 승부를 내지 못하던 터였다. 이런 시기에 갑작스럽게 빌리 그램과 부르노 사마티노의 경기가 잡혔다.

1977년 4월 30일 빌리 그램은 로프에 발을 얹고 챔피언을 꺾었다. 사실 이날 경기는 승리보다 큰 부상 없이 빠져나가는 것이 중요했다. 비겁하게 승리를 챙겼기에 팬들의 분노는 극에 달했다. 칼에 찔릴지도 모르는 상황이었지만 그동안 캔 패테라에게 챔피언이 고전했었기에 빌리 그램이 이길 것이라고 생각한 팬은 거의 없던 터라 위험한 무기를 준비해온 사람은 다행히도 많지 않았다. 팬들은 새 챔피언을 향해서 물건을 던지고 주먹과 발을 날렸으나 빌리 그램은 벨트로 자신을 방어하면서 예상보다 부상을 덜 입고 경기장을 빠져나왔다.

1977년 6월 27일 벌어진 재경기에서는 두 선수 모두 자격이 상실되면서 빌리 그램이 타이틀을 지켰다. 초기에는 팬들의 미움을 받았지만 빌리 그램의 카리스마 넘치는 외모와 강력한 힘은 팬들에게 점점 각인되었다. 빌리 그램은 악역임에도 불구하고 시간이 갈수록 환호를 받기 시작했다.

1978년 1월 25일 빌리 그램은 NWA 챔피언 할리 레이스와 격돌하여, 한 번씩 핀폴을 나누어 가지며 60분 동안 무승부를 기록했다. 악역임에도 불구하고 팬들의 환호를 받았기에 선한 역으로 돌아서면 더 큰 흥행을 기록할 것이라고 판단한 빌리 그램은 완전한 악역보다 재미있는 인터뷰와 멋진 모습을 자주 연출했다. 그러나 빈스 맥맨 시니어가 약속한 시간은 점점 다가왔고 밥 백런드의 인기도 물이 오르기 시작했다.

1978년 2월 20일 실제로 무릎 부상중이던 빌리 그램은 테이핑을 하고 경기장에 등장했다. 빌리 그램의 발이 로프에 닿았지만 심판이 그대로 카운트를 하면서 밥 백런드는 15분의 격전 끝에 새 챔피언으로 탄생했다. 이날의 어설픈 판정은 재경기를 위한 포석이었다. 4월 24일 벌어진 재경기에서는 밥 백런드가 확실하게 승리를 거두면서 새 시대의 개막을 알렸다. 밥 백런드의 다음 상대는 캔 패테라였다. 전 챔피언 사마티노도 제대로 꺾을 수 없던 패테라를 밥 백런드는 첫 경기부터 제압했다. 조지 스틸, 이반 콜로프, 어니 래드, 더 락의 외조부 피트 마이비아도 백런드의 적수가 되지 못했다.

1970년대 중반 이후 NWA

1974년 12월 9일 챔피언에 오른 잭 브리스코는 NWA 챔피언으로서의 과도한 스케줄에 점점 지쳐가자 타이틀 반납 의사를 밝힌다. 이에 도리 펑크 주니어의 동생인 테리 펑크가 1975년 12월 10일 챔피언에 올랐다. 전일본 프로레슬링 탄생에도 큰 공헌을 했고 이미 스타의 반열에 오른 선수였지만 테리 펑크가 챔피언에 오르자 프로모터들 간의 의견 충돌이 잦아지면서 NWA는 균열이 가기 시작했다. 도전자들이 챔피언에게 아깝게 패해야 한다는 의견들이 힘을 얻으면서 테리 펑크는 약한 챔피언처럼 비추어져야만 했던 것이다. 이는 프로모터들이 자신의 선수를 지키기 위해서 나온 주장이었다.
 WWWF는 사마티노의 부활을 통해서 한껏 상승했지만 챔피언 테리 펑크가 약한 모습을 보이는 것은 NWA 연맹의 입장에서 보면 그다지 좋은 현상은 아니었다. 이 상황은 할리 레이스가 1977년 2월 6일 다시 챔피언에 오르면서 어느 정도 해소된다. 실전에서 강했고 경기력도 뛰어났던 할리 레이스의 시기에 NWA는 전세계적으로 더욱 크게 확장한다. 할리 레이스는 1978년 1월 25일 WWWF 챔피언 빌리 그램, 1979년 8월 21일 밥 백런드와 통합 타이틀전을 가지기도 했다.

몇 차례 챔피언이 변경되기도 했지만 이 시기에 있어서 NWA 타이틀의 진정한 주인은 할리 레이스였다. 레이스는 1979년 8월 21일 더스티 로즈에게 타이틀을 내줬지만 5일 뒤 다시 찾아온다. 더스티 로즈는 플로리다에서 절대적인 인기를 구가했지만 쇼맨십이 강한 플로리다 특유의 스타일은 한계가 있었다. 로즈는 비대한 체형에 경기 스타일도 제한되었기 때문에 장기적인 챔피언으로는 문제가 있었다. NWA 챔피언은 다양한 도전자들을 상대해야 하므로 인기만 높고 경기력이 부실한 선수보다 기술이 좋은 챔피언이 우선시되었던 것이다.

할리 레이스는 전 챔피언 잭 브리스코와 마찬가지로 1979년 10월 31일 자이언트 바바에게 일본에서 타이틀을 내준 후 일주일 뒤인 11월 7일 찾아온다. 1980년 9월 4일에도 역시 바바에게 타이틀을 내주어서 3번째 NWA 챔피언으로 만들어준 후, 9월 9일 다시 찾아온다. 이런 과정은 자이언트 바바가 NWA와의 협상을 통해 타이틀을 매입했기 때문이었다.

WWF의 무한 확장

1979년 WWWF는 WWF(World Wrestling Federation)로 변경되었다. 1972년부터 WWWF에서 일하던 빈스 맥맨 주니어가 부친을 설득해서 이루어진 일이었다. 그러나 아직까지는 부친의 영향력이 절대적이었다. 명칭만 약간 변경되었을 뿐 내부적인 변화는 거의 없었고, 밥 백런드도 그레그 발렌타인과 팻 패터슨 등을 꺾으면서 여전한 기량을 과시했다.

이 시기에 라이벌 자이언트 바바가 NWA 챔피언에 오른 것에 자극을 받은 안토니오 이노끼는 WWF와 협상을 통해 타이틀을 차지한다. 백런드는 1979년 11월 30일 일본에서 이노끼에게 타이틀을 내준 후, 6일 뒤 다시 찾아온다. 밥 백런드는 WWF 선수뿐만 아니라 닉 복윙클, 이노끼, 할리 레이스,

릭 플레어 등 세계 챔피언들과 타이틀 통합 경기를 벌이기도 했다. 하지만 밥 백런드는 1980년대 초반 훈련 방법을 바꾸면서 예전의 카리스마를 잃어갔다. 스피드 향상에 주로 집중했기에 탄탄한 근육은 눈에 띄게 줄어들었고, 헤어스타일도 완전히 달라지자 팬들은 그를 이전과 다르게 보기 시작했던 것이다.

새 챔피언 헐크 호건

1983년 빈스 맥맨 주니어는 WWF를 인수했다. 매 분기마다 25만 달러씩 지불하지 못하면 다시 사업권을 아버지와 그의 파트너인 필 제코, 고릴라 몬순, 아놀드 사카랜드에게 귀속시킨다는 도박에 가까운 계약이었다. 전국적인 확장을 노리던 WWF는 우선 1983년 캘리포니아에 진출했다. 그 당시 LA지역은 작은 규모로 멕시코 스타일의 경기만 벌어지던 터라 다른 프로모터들은 맨땅에 깃발을 꽂는 정도로만 생각했다.

그 다음에는 USA 네트워크 방영권을 확보했다. 프로모터 조 블랜차드의 사우스 웨스트 챔피언십 레슬링을 방영하던 USA 네트워크는 타 지역에 비해서 수준이 떨어지는 단체에 만족하지 못해왔던 터였다. 대타를 구하던 USA 네트워크는 소의 배설물을 상대방에게 던지는 어이없는 장면이 연출되자 미련 없이 WWF를 방영하기 시작했다. 빈스 맥맨은 WWF뿐만 아니라 다른 단체의 유명한 선수들도 종합적으로 선보이는 '올 아메리칸 레슬링'을 내보냈다. 여기에 등장한 정크 야드 도그, 배리 윈덤, 케리 본 에릭, 릭 플레어 등의 스타들 중에서 몇몇은 후일 빈스의 제안을 받고 이적을 하게 된다.

NWA 챔피언 릭 플레어와 WWF 챔피언 밥 백런드를 비교하면 확연한 차이가 느껴졌기에 빈스는 새로운 스타를 계획하게 된다. 밥 백런드의 다음 상대는 이란의 아마추어레슬러 출신인 아이언 쉬크였다. 그는 1968년 올림픽 금메달리스트라고 주장했지만 실제로는 국내 선발전에서 탈락했고 미국으로 귀화해서 1972년과 1976년 미국 대표팀 보조 코치로서 올림픽에 참가한 것이 전부였다. 1976년 몬트리올 올림픽에 프로레슬러를 물색하러 온 AWA의 버네 가니에를 만나면서 프로레슬링에 진입하게 된다. 놀랍게도 아이언 쉬크는 1983년 12월 26일 밥 백런드를 꺾는다. 캐멀 클러치로 챔피언을 잡자 매니저인 아놀드 사카랜드가 타올을 던져 대신 기권 의사를 밝혔다. 그러나 아이언 쉬크도 역시 한시적인 챔피언이었다.

1984년 1월 23일 밥 백런드는 재경기가 예정되어 있었다. 그런데 갑작스럽게 부상을 입어서 경기가 불가능하다는 발표가 나왔다. 뉴욕의 팬들은 실망감에 가득했지만 새 도전자가 발표되자 경기장은 떠나갈 듯한 분위기로 바뀌었다. 바로 헐크 호건이었다. 당시 만 28세의 호건은 5분 30초 만에 아이언 쉬크를 레그 드롭으로 꺾고 챔피언에 올랐다.

헐크 호건이 챔피언에 오르자 밥 백런드는 새 WWF를 따라가지 못하는 선수처럼 취급받았다. 머리를 염색하고 악역으로 돌변한 후 새 챔피언 헐크 호건에게 도전하라고 빈스는 제안했으나 밥 백런드가 거절하자 결국 그를 해고한다.

부친은 북동부의 맹주로 만족했지만 아들의 야망은 그 정도가 아니었다. 1984년 헐크 호건이 챔피언에 오르자 빈스의 확장 시도는 더욱 눈에 띄었고 다른 프로모터들의 불만도 커졌지만 그의 부친의 얼굴을 봐서 참고 있었다. 1984년 5월 빈스 맥맨 시니어가 사망하자 이제는 더 이상 봐줄 필요가 없다는 의견에 동감한 프로모터들은 WWF의 안방을 침공했다.

버네 가니에, 짐 크로켓, 제리 제럿, 빌 와츠, 올리 앤더슨 등은 프로레슬링 프로모터 출신으로 시카고 화이트 삭스의 소유주이기도 한 에디 에인혼의 재력을 빌려서 '프로레슬링 USA'를 창단했다. 유명 선수들을 불러와서 대형 이벤트를 거행함으로써 WWF를 안방부터 망하게 하겠다는 거대한 계획이었다. 하지만 처음부터 삐걱거리기 시작했다. 우선 텍사스의 프리츠 본 에릭이 참가하지 않으면서 당시 최고의 주가를 달리던 그의 아들들의 출연은 불가능했다. 제리 제럿과 빌 와츠는 단체의 규모가 작다는 이유로 무시당하자 불만이 쌓였다. 승부 결과를 놓고 자신의 선수가 이겨야 한다는 주장이 충돌하자 오히려 이전보다 사이가 더 멀어지면서 단체를 출범시키는 것보다 더 못한 결과를 낳고 말았다.

전면전에 나선 WWF

1984년 전미의 케이블 방송 가입자는 40% 이상에 육박한다. 케이블 TV가 보급되면서 시청권이 늘어나자 시청자들은 레슬링 단체들의 우위를 쉽게 구분할 수 있었다. 화려한 화면과 카리스마 넘치는 선수에게 눈이 가면서 자연스럽게 작은 단체들은 사라지고 WWF와 NWA 양 구도로 좁혀져 갔다.

WWF는 미국 북동부를 기반으로 디트로이트, 캘리포니아, 토론토를 비롯한 캐나다 대부분의 지역까지 확장에 성공했다. 캐나다의 프로모터 스튜 하트는 빈스의 선전포고에 단체를 매각하기로 합의한 후, 그가 데리고 있던 태그팀 브리티시 불독과 브렛 하트를 WWF로 보낸다. 그런데 빈스가 1년 뒤, 계약 위반을 이유로 매각 협상을 무효로 만들자 어쩔 수 없이 단체를 부활시켰지만 이미 WWF와의 경쟁은 무리한 일이었다.

AWA의 젊은 선수들은 전국적인 스타로 발돋움할 수 있는 WWF로 떠나기 시작했다. 버네 가니에는 불만을 터뜨렸지만 계약서로 묶어놓은 사이도 아니었기에 불평은 아무런 의미도 없었다. 반면 노장들은 스케줄이 험난한 WWF로 이적하는 것을 꺼렸다. AWA에서는 한 달에 보름 정도면 충분했지만, 당시 WWF는 한 달에 27일 정도를 일해야 했기에 경제적으로 안정되고 가정을 지키고 싶어하는 노장들은 버네 가니에가 마음에 들어서가 아니라 현실적인 이유로 AWA에 남았다.

다시 뭉친 50대 중반의 딕 더 브루이저와 더 크러셔의 콤비는 예전같지 않은 실력으로 차마 보기 힘든 수준의 경기를 양산하고 있었다. 이런 AWA에 헐크 호건, 안드레이 더 자이언트, 라우디 파이퍼 등을 데리고 WWF가 침공했다. 앉아서 망할 수는 없던 버네 가니에는 젊은 피를 수혈하는 조치를 취했다. 태그팀의 최고봉인 로드 워리어스를 불러왔고, WWF에서 노동조합을 만들다가 해고된 서전 스로터를 기용했다. 신인 발굴에도 열을 올렸다. NWA의 매그넘 T.A를 본따서 매그넘 스캇 홀을 데뷔시켰고, 당시 태그팀의 지존 미드나잇 익스프레스와 락앤롤 익스프레스를 본따서 미드나잇 락커스를 만들었다. 숀 마이클스와 마티 자네티가 여기서 탄생했다. 하지만 젊은 선수들은 이름이 알려지면 다른 곳으로 이적해버렸다. AWA는 1991년까지 생존했으나 단체의 인기보다는 ESPN방송국과의 계약 문제로 계속 방영되었을 뿐이었다.

캐나다의 토론토를 놓고 벌어진 전쟁에서 WWF가 NWA에게 승리를 거뒀다. 토론토의 프로모터 프랭크 터니는 짐 크로켓의 도움을 받으며 릭 플레어와 리키 스팀보트를 활용, 흥행에서 큰 성공을 거두고 있었다. 그런데 프랭크 터니가 사망한 후 조카 잭 터니가 토론토를 이끌자 짐 크로켓은 잭 터니가 지리적으로 가까운 WWF로 붙을 것이라고 의심하면서 전성기가 지난 폴 존스와 지미 발리안트 등을 보내기 시작했다. 적자를 견디지 못한 잭 터니가 WWF에 접촉하면서 토론토의 스타는 이제 플레어에서 호건으로 바뀌고 말았다.

빌 와츠도 빈스의 침공을 받았지만 초기에는 영리하게 반격했다. WWF로 이적한 선수들이 UWF(미드 사우스 레슬링이 변경한 이름) 선수들에게 패하는 장면을 자료화면에서 찾아서 방영함으로써 UWF가 더 우수하다는 것을 입증하려 했다. 당시 빌 와츠 밑에서 일하던 아나운서 짐 로스의 설명이 덧붙여지자 WWF의 기세 꺾기는 주효했다. 호건의 단조로운 경기에 비해 UWF의 재미있는 경기 또한 큰 매력이었다.

WWF는 선수 빼내기 전략을 구사했다. 당시 빌 와츠의 최고 선수는 흑인 정크 야드 도그였다. 인종 차별주의자의 아들인 빌 와츠는 단체의 흥행에 최적이라는 결론을 내린 후 흑인 정크 야드 도그를 챔피언에 올리게 된다. 하지만 얼마 뒤 정크 야드 도그는 아무런 통보 없이 메인이벤트에 참가하지 않음으로써 WWF로의 이적을 빌 와츠에게 알렸다.

그동안 성공적으로 WWF를 막아왔던 빌 와츠는 새로운 전략을 마련한다. 빈스가 호건, 안드레이, 정크 야드 도그 등을 이끌고 쳐들어오자 빌 와츠는 가능한 스타들을 총동원해서 대응했다. 결과는 빌 와츠의 승리였다. 재미있는 경기 덕분에 5천에서 1만 명 사이의 관중을 동원했지만, WWF는 2천 명을 넘기지 못했다. 하지만 1985년 토요일 밤의 메인이벤트(saturday night's main event)가 방영되자 사태도 급변했다. 1950년대 말 프로레슬링이 퇴출된 이후 NBC가 처음으로 공중파에서 WWF를 방영하자 단체의 위계가 확연히 정해지는 듯 했다. 1987년 UWF는 결국 짐 크로켓에게 매각된다. 하지만 텍사스, 조지아, 댈러스, 캐롤라이나 지역에서 WWF는 맥을 못 추었다. 세인트루이스에서 첫 출발은 좋았으나 WWF의 지루한 경기가 외면을 받으면서 고전하기 시작했다.

빈스의 라이벌 짐 크로켓

　이때 빈스의 가장 강력한 라이벌은 짐 크로켓이었다. NWA에서 가장 큰 영향력을 미치던 짐 크로켓의 단체는 방송 기술은 약간 뒤졌으나 릭 플레어를 위시로 한 경기 수준은 WWF보다 높았고 간혹 보이는 출혈 장면조차 화끈하다는 평가가많았다. 케이블 방송의 시청률도 WWF를 앞서기도 했고 발티모어를 놓고 벌어진 전쟁에서 승리하면서 WWF에게 위기감을 불러일으켰다. 다급해진 빈스는 주요 경기장과 독점 계약을 맺으면서 라이벌의 경기는 불가능하도록 만들었다. NWA가 군소 단체에게 구사했던 전략은 짐 크로켓에게 역풍으로작용했다. 대부분의 지역은 빈스와 계약했지만 WWF의 느린경기를 좋아하지 않던 남동부 지역은 짐 크로켓의 손을 들어주면서 팽팽한 긴장감은 오래 지속되었다.

　1935년 프로레슬링 프로모터로 출발한 크로켓 집안은 맥맨가문과 매우 비슷한 측면이 많았다. 짐 크로켓의 부친 짐 크로켓 시니어는 노스 캐롤라이나주 샬럿과 그린스보로에서 프로레슬링뿐만 아니라 공연 기획과 마이너리그 야구팀 등을 운영하던 사업가였다. 부친으로부터 단체를 물려받은 짐 크로켓은초기에는 조니 발렌타인, 블랙잭 뮬리건, 와후 맥다니엘 등의스타들을 바탕으로 신인 릭 플레어, 리키 스팀보트, 라우디 파이퍼 등을 활용하면서 경기로 승부하는 단체를 만들었다.

　당시 WWF는 정말로 느린 AWA의 메인이벤트 경기보다 낫긴 했지만 짐 크로켓, 빌 와츠, 제리 제럿이 이끄는 단체들의 경기수준에는 미치지 못했다. 이러한 이유로 WWF가 남동부 점령에는 실패하면서 시장은 양강 체제로 굳어가고 있었다. 그러나 전국적인 페이퍼뷰 시장을 놓고 벌어진 출혈 경쟁에서 짐 크로켓은 큰 손해를 보면서 1987년을 계기로 추락, 결국 1988년 언론 재벌 테드 터너에게 단체를 매각하게 된다.

WWF와 MTV 그리고 신디 로퍼

빈스는 1984년 4월 조지아 챔피언십 레슬링의 방영권을 75만 달러에 매입했다. 그때까지만 해도 전국적인 시청자 수는 조지아 챔피언십 레슬링이 WWF를 앞서고 있었다. WWF는 후일 라이벌이 되는 언론 재벌 테드 터너의 TBS 방송국에서 토요일과 일요일 6시의 황금 시간대에 편성되었다. 이미 USA 네트워크에서도 주말과 화요일 특집이 편성된 상태에서 WWF가 TBS까지 진출하자 프로레슬링에 무관심했던 언론은 궁금증을 갖기 시작했다. 이런 관심을 더욱 증폭시키는 인물이 있었다. 당시 최고 여가수 신디 로퍼였다.

신디는 WWF에서 매니저로 일하던 루 알바노를 비행기에서 우연하게 만났고, 그의 용모에 흥미를 느끼면서 뮤직비디오 출연을 부탁했다. 「Girls just wanna have fun」의 뮤직비디오에 루 알바노가 가부장적인 아버지로 등장하자 WWF는 이런 인연을 활용한다. 신디의 매니저이자 남자친구인 데이비드

울프도 레슬링 팬이었기에 일은 쉽게 진행되었고 새로 출범한 음악채널 MTV도 의욕적이었다. MTV에 신디가 출연하자 악역 스타 라우디 파이퍼와 루 알바노가 갑자기 등장해서 괴롭히기 시작했다. 하지만 신디는 레슬러들에게 굴하지 않고 덤비는 모습을 보이면서 반항적인 이미지를 더욱 굳혔다.

신디 로퍼의 등장은 프로레슬링 팬에게는 큰 사건이 아니었다. 하지만 프로레슬링에 무관심하던 시청자들을 TV로 불러모으는 데에는 커다란 기폭제가 되었다. 1984년 7월 웬디 리쳐와 패뷸러스 물라 간의 경기에 신디 로퍼와 루 알바노가 각각 매니저로 등장했다. 'battle to settle it all'이라고 명명되었던 이 이벤트는 기존 레슬링 팬과 일반 시청자 간의 상반된 시선을 증명하면서 1984년 메디슨 스퀘어 가든에서 벌어진 WWF 경기 중 최저인 1만 5천 명이 입장했다. 헐크 호건과 그레그 발렌타인 간의 경기도 예정되었지만, 여성 경기가 메인이벤트였기에 기존 팬들은 관심을 갖지 않았던 것이다. 하지만 일반 시청자들의 관심이 반영되는 시청률에서 1시간 특별 방송이 9.0을 올리며 MTV 출범 이후 두 번째로 높은 기록을 낳았다. 그 원인은 호건도, 안토니오 이노끼가 우승한 배틀로열도 아니었다. 시청자들은 인기 가수에 궁금증을 가졌던 것이다. 신디가 나오는 경기를 본 일반 시청자들은 근육질에 카리스마가 넘치는 헐크 호건이라는 선수를 보면서 프로레슬링에 관심을 갖기 시작했다. 새 여성 챔피언에 오른 웬디 리쳐를 축하해주는 호건의 모습은 아주 매력적으로 비춰졌다.

헐크 호건 vs. 릭 플레어

NWA 회장 샘 뮤닉이 각 단체의 입김 때문에 실권을 잃은 후 챔피언은 더 많은 지역을 순방하면서 지역 스타들에게 힘들게 고전하는 약한 모습을 보여야만 했다. 프로모터들은 자신의 스타가 무관의 제왕 같은 모습을 보여야 흥행에 탄력을 받기에 챔피언은 비겁하게 승리를 훔쳐가는 못된 선수로 둔갑해야만 했던 것이다. 호건의 라이벌 릭 플레어는 이 역할에 너무도 충실했다. 호건과 플레어를 동시에 본 지역에서는 냉정한 선택을 할 수 있었다. 언론만 본다면 플레어의 존재감은 거의 없다고 해도 과언이 아닐 정도였다.

실제로는 장시간 경기를 할 수 있는 기량이 없었기에 10분 정도 만에 상대방을 끝내는 호건과 최소 30분 동안 상대 선수에게 두들겨 맞고 무릎을 꿇고 빌다가 비겁하게 승리를 거두는 플레어 중 누가 더 멋지게 보이는지는 분명했다. 호건에게는 그를 돋보이도록 만들어주는 같은 회사의 선수들이 공급되었고, 플레어는 연맹의 선수들을 돋보이게 만들어줘야 한다는 역할이 주어졌다. 실제 프로레슬링 실력은 플레어가 비교할 수 없을 정도로 앞섰지만 최강의 선수처럼 보이는 호건에게 당시 많은 팬들은 더 높은 점수를 주었다.

WWF가 확장을 시도하자 연맹의 대부분이 릭 플레어를 보내달라는 긴급 신호를 던졌다. 하지만 빈스 맥맨 시니어가 버디 로저스를 다른 연맹 일원에게 임대를 하지 않던 것처럼 짐 크로켓도 긴급 상황에 몰리자 릭 플레어를 보내는 것을 꺼리기 시작했다. 결국 NWA는 점점 와해되었고, 달라스의 빌 와츠를 비롯한 몇몇 프로모터들은 탈퇴를 선언한다.

헐크 호건은 승승장구했다. 1985년 2월 18일 라우디 파이퍼와의 경기는 2만 4천 명 이상이 입장했고, MTV에서 9.1의 시청률을 기록, 케이블에서 방영된 프로레슬링 사상 최고 시청률을 경신했다. 이 경기에서 신디 로퍼가 파이퍼의 공격을 받자 미스터 T가 구해주러 나오면서 또 다른 반향을 일으켰다. 미스터 T는 영화 「록키 3」와 TV 시리즈 「A-팀(A 특공대)」에 등장한 스타로서, 물론 실제로는 사실이 아니었지만 당시 많은 팬들은 그를 세계 최강의 사나이라고 믿고 있었다. 여러 연예인들이 출연하면서 언론의 관심을 받자 이에 탄력을 받은 WWF는 본격적으로 사업 계획을 확정한다. 바로 레슬매니아였다.

레슬매니아

1985년 당시 WWF는 외형적으로는 매우 훌륭했지만 자금 사정이 그다지 좋지 않았다. 현금이 대량으로 필요했던 레슬매니아는 그야말로 도박이었다. 이러한 상황에서 프로레슬링이 쇼라고 믿었던 많은 팬들에게 미스터 T의 존재는 굉장히 큰 것이었다. 인기 정상의 가수 신디 로퍼, 특별 심판으로 초빙된 무하마드 알리, 그리고 WWF의 스타 헐크 호건, 안드레이 더 자이언트, 라우디 파이퍼의 존재는 잘만 결합되면 커다란 폭풍을 일으킬 것처럼 보였다.

그러나 말처럼 모든 것이 쉽지는 않았다. 프로레슬러 데이비드 슐츠가 계속 시비를 걸자 미스터 T는 레슬매니아 불참이라는 폭탄선언을 한 것이다. 이에 슐츠는 해고되고 미스터 T는 설득 끝에 다시 돌아온다. 메인이벤트에 참가하는 라우디 파이퍼와 폴 온돌프도 프로레슬러가 아닌 선수에게 질 수 없다면서 막판까지 고집을 피웠다. 레슬매니아1은 뉴욕의 메디슨 스퀘어 가든에서 벌어지며 2백 곳 이상의 경기장에서 대형 스크린을 통한 폐쇄회로 방식으로 방영되기로 예약되었다. 하지만 초반 티켓 판매가 부진하자 70곳 이상에서 취소를 통보해왔다. 이때 토크쇼에 나간 호건은 프로레슬링이 쇼가 아니냐는 사회자 리차드 벨저의 질문에 그의 목을 조르는 사건을 벌여 언론에 크게 보도가 되기도 했다. 이 일은 오히려 커다란 홍보가 되면서 레슬매니아에 대한 관심을 폭발시켰다.

1985년 3월 31일 레슬매니아1은 총 수입 430만 달러라는 성공을 기록했고, 이 흐름을 타고 WWF는 NBC 방송국에 진출한다. 1985년 5월 11일 방영된 토요일 밤의 메인이벤트는 8.8의 시청률을 기록하며, 기존 이 시간대에 방영된 코미디 방송을 앞질렀다. 1986년 1월 4일 호건과 테리 펑크의 경기가 10.4의 시청률을 올리자 이런 인기에 편승해서 CBS 방송국은 WWF 선수들을 주인공으로 한 만화 시리즈를 제작하게 된다.

WWF 상승세가 꺾이다

상승세를 달리던 WWF에게 TBS 방송국 방영권을 잃는 뼈아픈 일이 벌어졌다. WWF의 시청률은 기대와 달리 높지 않았고, 현장 촬영 요구를 묵살하고 계속 녹화 테잎만 보내자 테드 터너는 감정이 상했다. 빈스 맥맨과 인간적인 교감을 느끼지 못하던 테드 터너는 이제 빌 와츠의 경기도 방영하기 시작했다. 일요일 1시간을 배정받은 미드 사우스 레슬링이 놀랍게도 WWF의 시청률을 앞지르자 예전부터 프로레슬링에 관심이 많던 테드 터너는 빌 와츠와 손잡고 전국적인 확장을 계획하게 된다. 쫓겨나기 직전에 몰리자 다급해진 빈스 맥맨은 노회한 지략가 짐 바넷을 통해서 라이벌인 짐 크로켓에게 TBS의 방영권을 1백만 달러에 매각한다. 테드 터너로서는 릭 플레어와 더스티 로즈같은 스타들을 데리고 있는 짐 크로켓이 스타가 별로 없는 빌 와츠의 단체보다 훨씬 나았다. 결국 빌 와츠는 남들에게 좋은 일만 해주고 TBS에서 퇴출된다.

WWF는 레슬매니아1의 성공 이후 답보상태에 놓여 있었다. 프로레슬러들이 주축이 된 1985년 11월 7일의 이벤트가 기대보다 훨씬 낮은 성과를 거두자 빈스는 레슬매니아2에서도 연예인을 부를 계획을 세운다. 레슬매니아2는 실패작이었다. 3군데로 나눠서 벌어졌기에 혼란스러웠고 시카고에는 1만 명 이하가 입장했다. 헐크 호건과 킹콩 번디의 경기는 그다지 팬들의 관심을 끌지 못했다. 풋볼 선수들이 대거 참가해서 언론의 관심을 끌었던 배틀 로열에서는 안드레이 더 자이언트가 자신보다 작은 풋볼 선수들을 제치고 우승했다.

레슬매니아2 이후 빈스는 호건을 대신할 선수를 찾기 시작했다. 아직 호건의 인기는 여전했지만 빈스의 고민은 따로 있었다. 호건이 대머리였기 때문이었다. 그동안 악역 선수들은 인터뷰에서 호건을 조롱하더라도 대머리에 대해서는 절대로 말해서는 안 되었다. 빈스가 처음 찾은 대안은 톰 매기였다. 그러나 이름이 생소한 것처럼 톰 매기의 발굴은 실패로 돌아갔다.

다시 부활하는 WWF

1986년 말 WWF는 토론토에서 69,300명(실제로는 64,000명)을 동원했다. 여기서 가능성을 읽자 레슬매니아3는 큰 경기장에서 성대하게 치르기로 결정된다. 그동안 아껴 둔 호건과 안드레이 더 자이언트의 대결이라면 충분히 가능했다.

실제 키는 208cm였으나 222cm로 알려진 안드레이는 거인병을 앓고 있었기에 의사들은 그의 수명을 만 40세 정도로 예상했다. 1946년 생인 안드레이는 자신의 생명이 얼마 남지 않은 것을 알았기에 1984년 멕시코의 캐넥, 1985년 일본의 이노끼에게 패해줬다. 이제는 호건의 차례였다. 악역으로 변신한 안드레이는 1987년 2월 21일 배틀 로열에서 호건을 밖으로 던지고 승리했다. 이제 레슬매니아3에서의 대결이 임박했다.

레슬매니아3는 이전의 레슬매니아와 달리 연예인의 비중이

낮아진 대신 프로레슬러들의 비중이 커졌다. 이전에 대결에서 호건이 패했었지만 사실이 알려져 김새기 전에, WWF는 호건과 안드레이의 대결을 최초인 양 집중 홍보했다.

1987년 3월 29일 93,173명(실제로는 78,000명)의 관중 앞에서 호건은 안드레이를 바디 슬램으로 던진 후 레그 드롭으로 12분 1초 만에 꺾었다. 경기 자체의 수준은 형편없었다. 이날 벌어진 랜디 새비지와 리키 스팀보트 간의 경기와 비교하면 더욱 그러했다. 그러나 승부 자체가 주는 긴장감이 엄청났기에 총 수입은 1천만 달러를 가볍게 상회하면서 레슬매니아1 이후 약간 부진하던 WWF는 다시 자신감이 충만해졌다.

빈스와 호건의 다음 도전 과제는 할리우드였다. 레슬매니아4 이후 호건은 WWF의 자금이 투자된 영화 「No holds barred」를 촬영하기로 예정되었기에 타이틀을 내줘야만 했다. 1988년 2월 5일 토요일 밤의 메인이벤트에서 호건은 안드레이에게 패했다. 호건이 어깨를 들었지만 짐 크로켓 단체에서 활약하던 쌍둥이 심판 헤브너 형제가 판정을 이상하게 내리면서 그대로 카운트를 했던 것이다. 이 경기는 15.2를 기록하면서 제대로 된 시청률 집계 이래 아직까지 미국 프로레슬링 사상 최고의 시청률로 남아있다. 며칠 뒤 WWF 회장 잭 터너가 타이틀 변경을 무효로 선언했고 챔피언은 1988년 3월 27일 벌어지는 레슬매니아4에서 결정하기로 했다.

원래 레슬매니아4는 밀리언 달러맨 테드 디비아시가 챔피언에 오른 후 다음 해에 호건에게 내주는 것으로 예정되었다.

그러나 랜디 새비지의 매니저인 미스 엘리저베스를 놓고 호건과 갈등이 빚어지면 더 재미있겠다는 생각이 힘을 받으면서 방향은 선회되었다. 호건과 안드레이는 첫 경기에 만나서 둘 다 반칙으로 탈락했다. 마지막 경기에서 호건의 도움을 받은 랜디 새비지가 밀리언 달러맨을 꺾고 챔피언에 오른다. 레슬매니아4는 짐 크로켓이 같은 날에 TV에서 대형 이벤트를 공짜로 방영하는 바람에 별다른 성과를 거두지 못했다

　레슬매니아4 이후 호건은 영화에 출연하러 떠났고, 랜디 새비지는 밀리언 달러맨의 라이벌로 떠올랐다. 이 시기에 차세대 스타로 짐 헬위그가 발굴되었다. 미스터 조지아에 미스터 아메리카 6위를 기록한 바디빌더 출신의 짐 헬위그는 후일 스팅으로 등장하는 스티브 보던과 여러 프로모터와 접촉을 시도한 끝에 제리 제럿을 통해 데뷔한 선수였다. 그러나 실력이 전혀 발전하지 않자 해고되었고, 빌 와츠에게 의지했으나 마찬가지였다. 텍사스의 WCCW에서 인기를 끌었으나 기량은 그대로였고 인터뷰도 일관성이 없었다. 경기 대전료에 불만을 품고 WCCW를 떠난 짐 헬위그는 신일본 프로레슬링 스카우터의 눈에 띄어서 일본에 데뷔할 기회를 잡았다. 이 때 WWF에서 짐 헬위그의 외모를 높게 평가하고 계약을 제의했다.

　원래 짐 헬위그는 일본에서 빅 밴 베이더라는 이름으로 데뷔할 계획이었지만 WWF에서 얼티미트 워리어로 인기를 끌자 일본에 가는 계획은 철회되었다. 짐 헬위그 대신 풋볼 선수 출신의 레온 화이트가 빅 밴 베이더로 일본에 등장하게 된다.

얼티미트 워리어는 WWF에서 활약하는 배드 뉴스 브라운이 이전에 쓰던 이름이었지만 허가를 받고 사용할 수 있었다.

얼티미트 워리어의 시대

호건은 1989년 4월 2일 레슬매니아5에서 랜디 새비지를 꺾고 예정대로 챔피언에 올랐다. 1990년 로열 럼블에서 우승했지만, 이 이벤트는 26만 가구가 구입하면서 WCW와 큰 차이를 나타내지는 못했다. 빈스 맥맨은 레슬매니아6를 레슬매니아3보다 거대한 이벤트로 만들기 위해서 화제의 인물을 불렀다. 바로 마이크 타이슨이었다. 1990년 2월 23일로 예정되어 있는 호건과 랜디 새비지의 특별 경기에 타이슨이 심판을 보기로 예정되면서 WWF는 언론의 관심을 끌기 시작했다.

그런데 전혀 예상치 못한 일이 터졌다. 약한 상대를 골라서 손쉬운 승리를 거두려던 타이슨이 2월 10일 일본에서 제임스 더글라스에게 어이없이 패했던 것이다. 어쩔 수 없이 빈스는 제임스 더글라스에게 심판을 부탁했다. NBC 방송국에서 벌어진 특별 경기는 12.8의 시청률을 기록하며 괜찮은 성과를 나타냈다. 랜디 새비지는 경기 후 판정에 불만을 품고 항의하다가 새 복싱 챔피언의 일격을 맞고 예정대로 쓰러졌다.

이 시기에 전 WWF 챔피언 빌리 그램이 「엔터테인먼트 투나잇」이라는 연예 프로에 출연해서 스테로이드 때문에 얻은 후유증에 대해 고백하자 잠시 시끄러워지기도 했다. 그러나 이것은 후일 벌어질 폭풍에 비하면 아주 가벼운 것이었다.

또 다른 영화 촬영을 위해 워리어에게 타이틀을 내줘야 했던 호건은 체면을 지키기 위해 악역 선수의 방해로 지는 것을 건의했지만 받아들여지지 않았다. 워리어의 인기는 레슬매니아가 다가올수록 높아졌고, 호건이 야유를 받는 일마저 벌어졌다. 레슬매니아6는 전년보다 적은 55만 가구가 유료시청 채널에서 구입했지만 WWF 발표로 67,678명(실제로는 64,287명), 349만 달러의 입장 수입을 기록했다. 워리어는 레그 드롭을 피한 후 스플래쉬를 성공시키면서 챔피언에 올랐다.

호건이 졌다는 아쉬움과 워리어가 호건을 대신했다는 분노가 생겨나면서 레슬매니아6 이후 WWF의 흥행은 내리막길을 걷기 시작했다. 호건은 얼스퀘이크의 공격을 받는 장면을 연출한 후 영화 촬영을 위해서 떠났다. 워리어에게는 그를 꺾었던 전력이 있는 릭 루드가 상대로 떠올랐다. WWF는 1990년 섬머 슬램에서 다시 돌아온 호건과 얼스퀘이크, 워리어와 릭 루드의 대결을 더블 메인이벤트로 확정했다. 이 경기는 55만 가구가 구매하면서 괜찮은 흥행을 거두었지만, 메인이벤트에 참가하고도 나머지 세 선수보다 훨씬 적은 수당을 받은 릭 루드가 불만을 품은 후 가을에 WCW로 이적해버렸다.

1990년 11월에 벌어진 서바이버 시리즈에서 헐크 호건과 워리어가 각 팀에서 승리한 선수들끼리 벌인 최종 경기에서 워로드, 밀리언 달러맨, 파워 앤 글로리, 릭 마텔을 꺾으면서 사이좋게 우승했다. 이 이벤트는 40만 가구가 구입했다.

WCW^의 약진

WCW의 등장

짐 크로켓은 WWF와 벌인 몇 차례의 정면충돌에서 처참하게 무너지면서 누적된 적자를 이기지 못해, 1988년 11월 테드 터너에게 회사를 매각하였다. 테드 터너는 단체를 인수한 초기에 NWA 연합에 남아 있으면서, 월드 챔피언십 레슬링(World Championship Wrestling)이라는 이름으로 레슬링을 방송했다. NWA 프로모터들과 지루한 협의에 지친 테드 터너는 1993년 9월 연맹을 이탈한 후, 방송의 이름을 딴 월드 챔피언십 레슬링(WCW)이라는 단체를 설립한다. 스타들은 대부분 금전적인 이유로 WCW로 이적했고, 전국적인 연맹 NWA는 방영권을 잃은 후 군소 단체들의 연합으로 전락했지만 한동안 WCW 챔피언을 NWA 챔피언으로 인정하게 된다.

언론 재벌 테드 터너는 직접 단체를 이끌기보다는 실무진에게 맡겼다. 이들은 경영을 위해 부임했지만 짐 허드와 변호사 킵 프레이는 프로레슬링에 대한 지식이 깊지 않았고 예전의 예민함을 잃어버린 빌 와츠는 인종차별 발언으로 실각했다. 짐 허드가 이끈 1989년에는 릭 플레어, 리키 스팀보트, 테리 펑크, 그레이트 무타, 스팅 등이 활약하면서 인상깊은 출발을 보였지만 다음해부터 WCW는 휘청거렸다.

WCW는 1989년 12월 13일 스타케이드의 토너먼트에서 릭 플레어를 꺾고 우승한 스팅을 차세대 주자로 선발했다. 스팅은 경기력이나 언변이 얼티미트 워리어보다 한수 위라는 평가를 받았다. 짐 허드는 헐크 호건이 릭 플레어보다 아이들에게 인기가 많기 때문에 WWF가 앞선다고 생각했고, 따라서 스팅이 챔피언에 오르면 상황이 달라질 것이라는 결론에 도달했다. 스팅을 챔피언으로 내세우는 것에는 별다른 반대가 없던 릭 플레어는 악역으로 변신했다. 스팅은 당시 릭 플레어 그룹인 '4호스맨'의 일원이었지만 타이틀 도전권을 포기하지 않았다는 이유로 축출되었다. 스팅과 릭 플레어의 경기는 2월 25일 벌어지기로 확정되지만 갑작스럽게 스팅이 무릎 부상을 입자 계획이 취소된다. 릭 플레어로부터 타이틀을 빨리 빼앗는 것이 WCW의 부흥이라고 믿고 있던 짐 허드는 3월이 되자 렉스 루거에게 타이틀을 내줄 것을 릭 플레어에게 요구했다.

그러나 렉스 루거는 아직 기량이 부족하다면서 릭 플레어가 완강히 반항하자 타이틀은 여전히 그의 수중에 남게 된다.

예정보다 빨리 돌아온 스팅은 1990년 7월 7일 릭 플레어를 꺾고 챔피언에 올랐다. 스타의 층이 상대적으로 얇은 WCW는 릭 플레어가 타이틀을 내주었고, 렉스 루거가 선역을 맡았다. 시드 비셔스는 아직 서툴렀기에 스팅의 다음 상대를 고민하던 끝에 마스크를 쓴 블랙 스콜피온을 등장시켰다. 스팅의 과거에서 왔다는 블랙 스콜피온은 사람을 표범으로 만드는 놀라운 마술을 선보이면서 알 페레즈를 시작으로 빌 아윈, 랜디 컬리 등의 여러 선수가 번갈아 담당했지만 무명의 선수들이 갑작스럽게 마스크를 쓰고 메인이벤트에 투입되자 팬들에게 외면을 받기 시작했다. 결국 블랙 스콜피온은 가면이 벗겨지면서 최종적으로는 릭 플레어였다는 것으로 마무리되었지만 스팅이 챔피언에 오른 후 WCW도 내리막길을 걷기 시작했다.

프로레슬링의 침체기와 스테로이드 사건

1990년 초반 WWF와 WCW 모두 내리막길을 걸었다. 호건을 꺾고 챔피언에 오른 워리어가 흥행에서 실망스러운 결과를 기록하자 WWF는 다시 호건에게 타이틀을 주기로 계획한다. 이에 과도기적인 챔피언으로 서전 스로터가 등장했다.

WCW에서도 스팅이 기대만큼 성과를 거두지 못하자 1991년 1월 11일 타이틀은 다시 릭 플레어에게 돌아갔다. WCW

는 다음 챔피언으로 렉스 루거를 생각했다. 짐 허드가 재계약 여부에 대해서 확정한 바 없이 렉스 루거에게 타이틀을 내주라고 강요하자 플레어는 거부했다. 플레어는 장기 계약을 맺지 않으면 타이틀을 내주지 않겠다는 초강수를 뒀지만 짐 허드는 예전보다 줄어든 연봉에, 1년 계약만을 강요했다. 양측의 이견이 좁혀지지 않자 1990년에도 루거에게 타이틀을 내주는 계획을 거부당했던 것에 기분이 안 좋았던 짐 허드는 갑자기 릭 플레어를 해고한 후 타이틀을 박탈했다. 이 행동으로 인해 WCW는 경기가 있을 때마다 팬들로부터 "우리는 플레어를 원한다!"라는 함성을 듣게 된다. 플레어가 사라지자 관중 2천 명을 넘기는 날이 드물 정도로 WCW는 전락했다.

WWF는 1991년 레슬매니아7의 흥행을 위해 당시 미국과 사이가 안 좋은 이라크를 이용했다. 미군 역할의 서전 스러터는 갑자기 이라크 지지를 선언했다. 그러나 1월 로열 럼블을 앞두고 걸프전이 터지자 흥행을 위해 전쟁을 이용한다는 비난을 받으면서 WWF는 팬들의 외면을 받기 시작했다. 레슬매니아7을 앞두고 편성된 특별 방송은 WWF가 NBC에서 방영된 이후 사상 최저인 6.7의 시청률을 기록했다. 레슬매니아7은 티켓 판매 부진으로 1만 6천 석 규모의 LA 스포츠 에어리너로 경기장을 옮겨야만 했다. 1991년 3월 24일 벌어진 레슬매니아7은 1만 5천 명의 관중이 입장, 72만 달러의 입장 수입을 올리는 데 그쳤다. 하지만 이것은 단지 시작일 뿐이었다.

스테로이드와 성추문 사건까지 알려지면서 흥행에 찬물을

끼얹었다. 판결이 나올 때까지 여러 해에 걸쳐서 소송이 진행되자 팬들은 WWF를 외면하기 시작했다. 빈스 맥맨이 선수들에게 스테로이드를 사용하도록 사주하지 않았느냐는 혐의는 무죄로 드러났지만 선수들의 몸은 스테로이드를 통해서 만들어졌다는 따가운 시선은 피할 수 없었다. 스테로이드를 사용하는 자체가 불법은 아니었다. 당시 미국 스포츠에는 프로레슬링뿐 아니라 풋볼, 바디빌딩 등에서도 스테로이드가 만연하고 있었고, 1970년대 이후에는 헬스클럽을 다니는 사람들도 웬만하면 한두 번씩 사용할 정도였는데, 그 부작용이 일반에게 알려지지 않았던 것도 하나의 원인이었다. WWF가 자체 도핑테스트를 통해서 스테로이드를 썼던 선수들을 정리하기 시작하면서 헐크 호건, 얼티미트 워리어, 데이비 보이 스미스, 워로드, 시디 비셔스, 로드 워리어스 등이 다양한 명목으로 떠나게 된다. 이제는 스테로이드를 쓰지 않는 작지만 기술이 좋은 선수들이나 비만한 거한들을 이끌고 단체를 꾸려가야 했다. WWF가 믿고 활용할 수 있는 옛 스타는 릭 플레어와 랜디 새비지 정도였다. 이 상황에서 플레어가 얼티미트 워리어와의 경기에서 심각한 등부상을 당하자 비상이 걸렸다. 스테로이드에 대한 혐의에서 자유롭지 못한 선수에게 타이틀을 줄 수는 없는 노릇이었기에 빈스 맥맨은 놀라운 결정을 내린다.

WWF 수뇌부는 브렛 하트를 호출했다. 브렛은 앞으로 회사의 방침이 완전히 달라질 것이라는 말을 듣자 해고당하는 것으로만 생각했다고 한다. 하지만 그 다음에 나온 말은 놀랍게도 챔피언이 된다는 것이었다. 브렛 하트는 1992년 10월 12일 사스카툰에서 릭 플레어를 꺾는다. 릭 플레어는 한 달 뒤 복귀해서 브렛 하트와 경기를 가진 후 1993년 WCW로 돌아간다.

한동안 WWF를 떠났던 헐크 호건은 1993년 다시 복귀, 4월 4일 5번째 챔피언에 올랐지만 별다른 인기를 끌지 못했다. 이에 빈스 맥맨은 브렛에게 패하라는 요구를 했지만 호건은 거부했다. 호건은 대신 자신을 이길 선수로 지목한 요코주나에게 1993년 6월 13일 패한 후, 8월 경기를 끝으로 WWF를 떠나서 일본의 신일본 프로레슬링에서 잠시 활약했다. 다시 미국에 돌아와서 TV 연속극을 촬영하던 호건은 WCW로부터 제의가 들어오자 1994년 6월 11일 계약하게 된다.

양대 단체의 정면충돌

방향성 없이 표류하던 WCW는 1994년 아나운서 에릭 비숍이 깜짝 승진하면서 자리를 잡아갔다. AWA에서 아나운서와 행정을 맡았었기에 프로레슬링에 해박했던 비숍은 헐크 호건에게 유료 시청 채널 수입의 25%를 주겠다는 엄청난 제의를 한 끝에 그의 영입에 성공했다. 1994년 7월 17일 WCW에 데뷔한 호건은 첫 경기에서 플레어를 꺾고 챔피언에 오른다. WWF에서 해설자로 일하던 랜디 새비지도 이적하자 스팅, 베이더, 릭 플레어와 함께 새로운 진용이 갖춰졌다. 에릭 비숍은 1995년 9월 4일 WWF의 RAW와 같은 시간에 나이트로를 편성했다. 처음엔 무모하다는 평가가 많았지만 시청률 전쟁에서 WWF와 계속 승패를 주고받는 선전을 펼쳐갔다.

1995년 프로레슬링은 전반적인 침체기였다. WWF도 주요 언론의 관심에서 벗어나 있었고, WCW 팬들은 호건의 판에 박힌 모습에 싫증을 냈다. 이 당시 WWF는 브렛 하트가 이끌어가고 있었다. 호건이 떠난 후 1993년부터 1997년 사이 WWF는 렉스 루거, 요코주나, 숀 마이클스, 캐빈 내쉬 등을 간판으로 내세우려고 했지만 브렛이 그 중에서는 제일 나은 흥행 성적을 거두고 있었다. WWF는 캐빈 내쉬가 챔피언에 오른 후 사상 최저 흥행 기록을 경신해 갔지만, 1995년 11월 브렛이 챔피언에 오르고 숀이 복귀하면서 다시 상승곡선을 그어갔다. 숀은 1996년 로열 럼블에서 우승하면서 다시 한번 타이틀 도전권을 얻었다. 레슬매니아12에서 WWF 수뇌부는 브렛의 승리를 주장했지만 빈스는 어린 시절의 꿈을 이루는 숀의 이야기가 더욱 감동적이라고 생각했다. 1996년 3월 31일 레슬매니아12에서 숀은 브렛과의 한 시간이 넘는 접전 끝에 처음 챔피언에 오르게 된다. 이 경기는 40만 가구가 구매했다.

ECW의 흥망사

1993년 ECW가 탄생했다. 군소 단체의 연합으로 전락한 NWA의 토너먼트에서 탄생한 새 챔피언 쉐인 더글라스는 갑자기 자신은 ECW 챔피언이라고 주장하며 NWA 타이틀을 내

던졌다. ECW는 하드코어 경기와 양대 단체에서 버림받은 선수들의 노력이 차츰 인정받으면서 팬들의 인기를 끌었다.

ECW는 1990년대 중반 미국 2위 단체로 전락한 WWF와 잠시 제휴를 맺으면서 인지도를 높이는 데 총력을 기울였고 1997년 4월 13일에는 유료 시청 채널에 등장했다. 하지만 선수들이 하나 둘씩 떠나면서 WWF와 WCW의 선수 공급책으로 전락했고, 1999년 TNN(현 스파이크 TV)으로 옮겼지만 시청률도 기대만큼 높지 못했으며 적자는 감당하기 힘들 정도로 불어났다. 시청권을 전국으로 확대하려던 TNN은 간판 프로그램이 절실했기에 ECW를 버리고 WWF를 선택했다.

방영권을 잃은 ECW는 USA 네트워크에 접촉하는 등 자구책을 마련하려했지만 2001년 파산한다. WCW가 WWF에 매각되자 폴 헤이먼은 ECW를 부활시킬 수 있는 기회라고 생각하고 AOL/타임 워너 측에 접촉했지만 프로레슬링을 혐오하는 제이미 켈너가 부임을 한 후 이미 WCW를 버렸던 터였기에 부활은 불가능했다.

1996년 여름, WCW의 역전타

WCW는 1996년 여름 WWF에서 데려온 캐빈 내쉬와 스캇 홀을 이용, 헐크 호건과 nWo를 만들어서 새로운 혁명을 불러 일으켰다. nWo가 탄력을 받은 후 WCW가 시청률에서 역전한 후 격차를 벌여가자 WWF는 위기의식을 느꼈다.

1997년 1월 브렛 하트가 복귀하면서 WWF도 뜨거워졌지만 WCW보다 아직 시청률은 뒤졌다. 브렛의 복귀로 인해 적자 규모는 줄었지만 흑자로 반전되지는 못했다. 숀 마이클스가 챔피언이던 시기는 캐빈 내쉬 때보다 낫기는 했지만 현장 관중 동원을 제외하고 시청률이나 가장 중요한 유료 시청 채널 구매율을 크게 올리는 데에는 성공적이지 못했다. 이에 WWF는 당시 자신들이 활용할 수 있는 선수 중 제일 좋은 흥행기록을 남겼던 브렛 하트에게 다시 의지하게 된다.

브렛은 1996년 레슬매니아12 이후 연기에 눈을 돌렸지만 그다지 성공이지는 못했다. 이 때 WCW는 1996년 여름을 목표로 nWo의 세 번째 맴버로 브렛 하트를 영입하려고 했고, WWF가 그동안의 인연에 호소하자 스카웃 전쟁이 벌어졌다. 브렛 하트가 WWF와 20년 장기 계약을 맺자 WCW는 nWo의 세 번째 멤버로 한물갔다는 평가를 듣는 헐크 호건을 영입해 다시 부활시키며 WWF에게 앞서기 시작했다.

앞으로 브렛 하트를 중심으로 단체가 운영된다는 소식은 숀 마이클스에게 충격적이었다. 1996년 승리했기에 레슬매니아13에서 패배를 해주기로 약속했지만 약속한 시한이 다가올수록 심기가 불편해진 숀은 거짓으로 무릎 부상을 가장하고 타이틀을 박탈당한다. 이 상황을 무슨 수를 써서라도 막았어야 했지만, 빈스 맥맨은 또 다시 숀에게 관용을 보였다. 잘못된 선택으로 레슬매니아13은 23만 7천명이 구입하는 실망스러운 결과를 남겼고, 1996년 5월 1일부터 1997년 4월 30일 사이 WWF는 650만 달러라는 출범 이후 사상 최고의 적자를 기록한다. 이제 USA 네트워크가 WWF를 퇴출시킨다는 소문마저 돌기 시작했다.

브렛 하트의 이적

숀은 무릎 부상에서 복귀한 후 노골적으로 브렛의 신경을 긁는 발언을 늘여갔고, 여성 매니저 서니와 브렛이 불륜관계라고 주장하면서 가정 문제를 만들기도 했다. 숀의 발언에 브렛은 분노했다. WWF 임직원들은 둘의 화해를 시도했으나 숀은 다시 브렛을 비방하고 다녔다. 결국 6월 9일 저녁 7시 20분 두 사람은 라커룸에서 정면충돌했고, 브렛이 숀을 압도했다. 이 사건을 계기로 숀은 계약 해지를 요구했지만 빈스는 그럴 수 없다고 통보했다. 숀은 1997년 섬머 슬램에 등장한다. 빈스는 겨우 설득해서 숀을 불러왔으나 둘 중 하나만 선택 할 수밖에 없는 상황이었다. 빈스는 20년 장기 계약으로 잡았던 브렛에게 떠날 것을 제의했다. 브렛은 40대를 바라봤지만 숀은 아직 젊었던 것이다. 1997년의 적자를 상기시키며 고액 연봉이 부담스럽다는 이야기를 꺼내들었다.

WCW가 여전히 브렛에게 관심이 있다는 것을 확인하자 둘은 이적절차를 밟았다. 브렛은 3년간 9백만 달러를 받기로 하며(후일 750만 달러로 줄어듦) WCW로 이적하게 되었으나 타이틀 반납 문제에 있어서 이견을 보였다. 원래 브렛은 이적하는 경우 자신의 이미지를 지키기 위해 스토리를 거부할 수 있는 권리가 계약서에 명시되어 있었다. 브렛은 그동안 약속을 어겨왔던 숀에게 조국 캐나다에서 패할 수 없으며 다른 선수에게는 타이틀을 내줄 용의가 있다고 했으나 빈스는 숀과의 경기만을 주장했다. 결국 여러 번의 변경 끝에 반칙패로 끝나고 다음날 타이틀을 반납하는 것으로 합의를 본다. 하지만 빈스는 브렛이 타이틀을 갖고 WCW로 가는 상황이 있을지도 모른다고 생각했기에 경기 중에 속일 계획을 세운다.

WWF 임직원들은 경기를 반칙패로 만들기 위해 링으로 난입하기로 예정되어 있는 브렛의 동료들에게 입장 사인을 늦게 줬다. 결국 브렛이 샤프 슈터에 걸린 상황에서 갑작스럽게 심판은 기권을 선언하면서 경기를 끝냈고 숀은 전혀 몰랐다는 행동을 하며 라커룸으로 돌아왔다. 한동안 숀은 가담한 바가 없다고 주장했지만 2003년 '컨피덴셜'에서 경기 전에 지시를 받았음을 인정한다. 이 사건은 다큐멘터리로 제작되면서 논란을 불러일으키기도 했지만 빈스의 입장으로서는 회사를 지키기 위한 고육책이었다. 빈스는 이 사건 이후 악덕 프로모터라는 역할로 변신하면서 시청률 상승의 견인차가 되었다.

타이틀을 들고 이적할 의도가 전혀 없었던 브렛은 경기를 마치고 라커룸에서 실제로 빈스를 강타한다. 브렛은 WCW에서 활약을 하지 못하다가 부상을 입자 연봉의 절반만을 받기도 했다. WCW의 정치적 변화에 힘입어 어렵사리 챔피언에 올랐으나 1999년 12월에 뇌진탕을 입은 후 은퇴를 선언한다.

프로레슬링의 현재와 미래

WWF 애티튜드의 출범

1997년 12월 15일 RAW에서 빈스 맥맨은 이제 WWF는 너무 뻔하고 단순한 스토리 대신에 보다 현실적인 방향으로 나갈 것이라고 발표했다. WWF의 새 방향인 애티튜드(attitude)의 출현이었다. ECW에서 차용한 WWF의 애티튜드는 팬들의 인기를 끌기 시작했다. WWF의 수입 구조도 점차 개선되었다. 한때는 매주 13만 5천 달러의 손해를 봤으나 이제는 손익분기점에 도달했다. 이 변화는 유료 시청 채널의 값을 올렸던 것이 가장 큰 이유이긴 했지만 관중 증가나 시청률에 있어서 WWF의 상승세는 확실히 감지되고 있었다.

스톤 콜드는 1998년 로열 럼블에서 우승하면서 타이틀 도전권을 획득했다. 빈스는 이 흐름을 이어가기 위해서 8년 전의 카드를 다시 뽑았다. 바로 마이크 타이슨이었다. 당시 마이크 타이슨은 빚만 1천만 달러가 넘었고, 1997년 6월 28일에 반더 홀리필드의 귀를 물어뜯은 후 완전한 악당으로 낙인찍힌 상태였다. 몇 번의 방송 출연으로 350만 달러를 벌어들이는 것은 그다지 나쁜 계획은 아니었기에 그는 WWF 출연을 수락한다. 뉴욕의 부르클린에서 자란 타이슨은 어린 시절 부르노 사마티노의 팬이었기에 프로레슬링에는 매우 익숙했다.

타이슨은 숀 마이클스가 이끄는 DX의 새 맴버로 가입했다. 마이크 타이슨이 WWF에 나타나자 언론의 관심은 지대했다. 숀의 해결사 역할로 등장한 타이슨은 스톤 콜드와 몸싸움도 벌이면서 분위기를 점점 고조시켰다. 1998년 레슬매니아14에서 스톤 콜드가 숀에게 스터너를 작렬시키자 타이슨이 링으로 들어와서 카운트를 한 후 스톤 콜드의 승리를 선언했다. 경기 후 항의하는 숀에게 타이슨은 핵주먹을 날렸고, 숀은 예정대로 쓰러졌다. 숀 마이클스는 1998년 1월 척추 부상을 입었지만 최선을 다해서 경기를 마쳤다. 숀은 레슬매니아14을 끝으로 은퇴했다가 2002년 섬머 슬램에서 다시 링에 복귀한다.

레슬매니아14이 끝나자 WWF는 WCW의 시청률에 근접하더니 3주 뒤에는 84주 연속 승리 기록을 깨뜨렸다. WWF의 성장은 눈부셨다. 연중 입장 관중은 1997년 110만에서 1999년 250만으로 증가했다. 연 매출은 1995년 8천2백만 달러에서 1999년의 2억 5천만 달러를 거쳐 2001년에는 4억 5천6백만 달러로 성장했다. 스토리의 반전이 더욱 흥미로워지자 그동안 프로레슬링에 시선을 돌리지 않던 시청자들을 끌어 모으면서 다시 한번 프로레슬링의 전성기를 이룩했다. 이런 상승세와 맞물려 1993년 출발한 RAW에 이어서 1999년 「스맥다운!」이 UPN 방송국에서 방영되기 시작했다.

1997년 12월에 벌어진 스타케이드만 하더라도 호건과 스팅의 대결, 브렛 하트의 특별 출연이 예정되면서 64만 가구가 구입했지만, 1998년 이후 WCW는 완전히 방향성을 상실했다. NBA 스타 데니스 로드맨, 칼 말론, 토크쇼 사회자 제이 레노를 등장시켜서 언론의 관심을 끌려고 했고, 시청률을 의식하여 유료 시청 채널에 나가야 하는 헐크 호건과 빌 골드버그의 대결을 공짜로 방영할 정도로 근시안적인 정책들이 펼쳐졌다. 아직 기존의 팬들이 존재하면서 1998년은 5천5백만 달러의 흑자를 기록했지만 이미 WCW는 내부에서부터 곪아가고 있었다.

예전의 히트작인 nWo를 계속 우려먹는 지루한 스토리를 양산하던 WCW는 WWF 상승의 원인이 스토리 작가에 있다고 판단했다. 당시 WWF의 스토리 작가가 계약서도 없이 일하고 있었고, 또 다른 주간 방송인 스맥다운이 추가되었지만 연봉은 그대로였기에 불만이 많다는 소식을 입수하자 WCW는 최고 대우를 약속하고 세 명의 작가를 빼내갔다. 하지만 프로레슬링 전통을 완전히 무시하고 여성을 벗기는 일에 혈안이 된 빈스 루소의 황당한 스토리가 방영되자 WCW는 팬들의 외면을 받으면서 파멸을 더욱 앞당기게 된다.

수뇌부가 여러 번 교체되었지만 여전히 단기적인 정책들만 생산되는 분위기에서 2000년 1월 16일 챔피언에 오른 크리스 베노아가 책임 스토리 작가인 캐빈 설리번과 감정적으로 충돌하자 타이틀을 박탈당한 후 WCW를 떠나게 된다. 10년 전에 릭 플레어에게 했던 실수가 반복되면서 WCW는 WWF를 역전할 수 있는 기회를 완전히 놓치게 된다.

1999년에는 1천5백만 달러에서 2000년에는 6천2백만 달러로 적자 기록을 경신하자 새로운 모기업 AOL/타임 워너는 WCW를 2001년 3월 WWF에 매각한다. 언론 재벌 테드 터너의 입지가 기업 합병 후 줄어들면서 WCW는 고위층 알력 다툼의 희생양이 되었던 것이다. 새로 부임한 편성담당 제이미 켈러는 WCW가 방송국 이미지와 맞지 않는다면서 퇴출 결정을 내려버렸다. 한때 6억 달러의 가치가 있다던 WCW는 여러 차례의 협상 끝에 WWF에 430만 달러라는 헐값에 저작권과 경기 자료를 넘긴다. 29년 동안 TBS 방송국에서 방영된 프로 레슬링의 마지막은 2001년 3월 26일이 되었다.

WWF에서 WWE로

WWF는 WCW를 인수한 후, 독립 단체로 운영하려 했으나 계획을 수정해서 2001년 여름을 계기로 양 단체 간의 통합이 벌어지는 '인베이전'을 선보였다. 레슬매니아를 제외하고 최고 기록인 77만 가구가 구입할 정도로 초기의 흥행 성적은 매우 좋았지만 WCW의 최고 스타들이 대다수 빠져있었고, 주도권을 잡고 있는 WWF 선수들의 정치적인 힘이 작용한 끝에 생각만큼 큰 파장을 불러일으키지는 못했다.

2002년 5월 WWF는 WWE로 명칭을 변경했다. 그 이유는 세계야생물보호기금(World Wildlife Fund)과 맺었던 협정 때문이다. 프로레슬링 단체가 전세계로 확장하자 북미 대륙 이외에서는 WWF라는 이니셜을 쓰지 않겠다는 1994년의 합의 사항을 위반하게 되면서 법정까지 가게 되었다. 2002년 결국 세계야생물보호기금의 승리가 확정되었다.

이제 미국에는 WWE만이 유일한 대규모 단체로 남아있다. TNA, ROH 등이 눈에 띄는 정도일 뿐, 재력 면에 있어서는 비교조차 될 수 없을 정도로 격차가 벌어졌다. 일본의 레슬링계도 종합 격투기의 약진으로 인해 상당한 위기에 처해있다.

NWA-TNA는 2002년 WCW 세계 챔피언 출신의 제프 제럿과 프로모터이자 그의 부친인 제리 제럿이 선보인 단체다. WWE에서 해고되었거나 독립 단체에서 유명한 선수들 위주로 선수를 구성했지만, 초기에는 방영권이 없어서 유료 시청 채널에서 9.95달러를 받으며 출발했다. 인성에 문제가 많지만 명성이 남아있는 스타 선수들을 출연시키면서 초기에는 시행착오가 많았지만, 젊은 선수들의 몸을 아끼지 않는 플레이가 선보여지면서 팬들의 인기를 끌기 시작했다. 2002년 11월에는 팬더에너지로부터 투자를 받으면서 한숨 돌렸고, 2004년에는 FSN의 TV 방영권도 획득했다. 아직도 매주 2만에서 3만 달러 정도의 적자가 나는 것으로 알려져 있으며, 현재 누적 적자는 1천5백만 달러를 넘고 있지만 최근 유료 시청 채널에서 29.95달러를 받으면서 좀더 나은 품질의 경기를 제공하고 있다. 아직도 가야 할 길이 멀지만 프로레슬링의 성장을 위해서 NWA-TNA의 역할은 매우 크다.

WWE는 2003년에서 2004년 사이 3억 7,490만 달러의 매출과 4,819만 달러의 이익을 기록했다. 이는 단체 출범사상 1998년과 1999년에 이어서 세 번째로 좋은 흑자기록이다. 전 세계 100여개 국 이상에서 방영되며 해외 인지도도 높은 터라 앞으로 WWE의 아성을 깰 단체가 나오기는 힘들어 보인다.

프로레슬링의 미래

WWE가 다른 경쟁자들을 물리치고 미국을 독점한 후 세계 시장마저 석권하는 상황은 그들이 목표로 한 것이라기보다는 TV방영권의 확대와 사회 문화적 변화에 따른 현상일 뿐이다. 약간의 차이는 있었겠지만 WWE가 아닌 다른 단체가 성장했더라도 비슷한 결과를 맞이했을 것으로 보인다.

그동안의 흐름을 지켜본다면 미디어가 프로레슬링의 변화에 가장 큰 원인이라고 할 수 있다. 신문이 본격적으로 보급되자 챔피언의 명성이 알려졌고 해외의 선수를 알게 되면서 세계 타이틀전이 벌어졌다. 프로레슬링에 대한 안 좋은 소문이 돌자 인기가 식었고 TV가 보급되면서 다시 새로운 전기를 맞이하기도 했다. 각 단체들이 지역을 할거했던 이유는 사이좋게 영역을 나눠 가졌다기보다는 지역 방송국의 범위가 그 정도였기 때문이다. WWE가 전국적인 확장을 할 수 있던 원인은 케이블 방송의 보급과 밀접한 관련이 있었다. 짐 크로켓이나 빌 와츠도 시대가 변화하자 전국적인 확장을 노리기도 했었다.

그렇다고 해서 프로레슬링이 미디어와의 관계에 있어서 항상 종속적인 것만은 아니다. VTR이나 DVD가 발달할 수 있었던 이유에는 영상에 대한 욕구가 큰 부분을 차지하는 것처럼 미국 유료 시청 채널의 확대에는 권투와 프로레슬링을 보고 싶어하는 팬들의 욕구가 있었다. 미국 케이블 방송의 성장에 프로레슬링이 큰 역할을 담당했던 것이다. 앞으로 시청자가 주문하면 볼 수 있는 방송의 시대가 열리면 프로레슬링 팬들은 옛날 경기를 주문하려 할 것이다. 이런 경우 팬들의 욕구가 새로운 기술의 발전 속도를 더욱 빠르게 만들기도 한다.

프로레슬링과 미디어는 주도하는 비율에 있어서는 물론 차이가 있지만 서로 영향을 주면서 지속적으로 발전하는 관계를 형성하고 있다. 이러한 시대의 변화에 부합하는 선수들이 새로운 스타로 떠오르고 있다. 릭 플레어가 1900년대 초반 등장했거나 루 테즈가 2000년대에 나타났다면 과연 스타가 되었을까? 알 수 없는 일이다. 수많은 선수들 중에서 그 시대에 맞는 스타가 정상을 차지하는 것이 정답일 것이다. 그러한 선택은 팬들에게 달려있고, 프로모터는 시대의 요구를 제대로 읽었는지에 대해서 흥행이라는 지표로 평가받는 것이다.

프로레슬링 흥행과 명승부의 역사

초판발행 2005년 3월 10일 | 2쇄발행 2008년 11월 20일
지은이 성민수
펴낸이 심만수 | 펴낸곳 (주)살림출판사
출판등록 1989년 11월 1일 제9-210호

주소 413-756 경기도 파주시 교하읍 문발리 파주출판도시 522-2
전화번호 영업·(031)955-1350   기획편집·(031)955-1357
팩스 (031)955-1355
이메일 book@sallimbooks.com
홈페이지 http://www.sallimbooks.com

ISBN 89-522-0351-8 04080
      89-522-0096-9 04080 (세트)

값 9,800원